As Cláusulas de Limitação de Responsabilidade Patrimonial

As Cláusulas de Limitação de Responsabilidade Patrimonial

2023

Luís Manuel Pica
Doutor em Ciências Jurídicas
Investigador do JusGov
Professor Adjunto Convidado no Instituto Politécnico de Beja

ALMEDINA

AS CLÁUSULAS DE LIMITAÇÃO DE RESPONSABILIDADE PATRIMONIAL

AUTOR
Luís Manuel Pica
EDITOR
EDIÇÕES ALMEDINA, S.A.
Avenida Emídio Navarro, 81, 3D
3000-151 Coimbra
Tel.: 239 851 904 · Fax: 239 851 901
www.almedina.net · editora@almedina.net
DESIGN DE CAPA
EDIÇÕES ALMEDINA, S.A.
PRÉ-IMPRESSÃO
João Jegundo
IMPRESSÃO E ACABAMENTO

Março, 2023

ISBN
978-989-40-1101-9

DEPÓSITO LEGAL

ALMEDINA | GRUPOALMEDINA

À minha Mãe
À memória do meu Pai

PREFÁCIO

O presente trabalho representa algumas reflexões e meditações apresentadas, ao longo dos anos, no seio da lecionação das unidades curriculares de Processo Executivo e Solicitadoria de Execução, no âmbito da Licenciatura em Solicitadoria ministrada no Instituto Politécnico de Beja, da qual o autor tem vindo a estar encarregue ao longo dos últimos anos. Para além disto, os trabalhos de investigação científica no âmbito do Direito Processual Executivo e do Direito das Obrigações, realizados no âmbito do Centro de Investigação do JusGov da Escola de Direito da Universidade do Minho, são o resultado do presente escrito.

As cláusulas de limitação de responsabilidade patrimonial apresentam-se como um instituto jurídico que não tem merecido atenção e acolhimento na doutrina e jurisprudência portuguesa. A produção científica é reduzida, e nenhuma autónoma acerca destas matérias. As decisões jurisprudenciais não têm, também, correspondido à grande importância das mesmas. Para além disto, a própria *praxis* jurídica em que Advogados e Solicitadores aconselham os seus clientes, redigem os contratos e arquitetam o melhor para os mesmos, denota a mesma falta de atenção perante institutos que possibilitam a diminuição da responsabilidade patrimonial dos devedores.

Com efeito, procura-se, assim, dar um pequeno contributo sobre estas matérias, apresentando-se, numa primeira parte, uma teorização geral acerca do património do devedor, a sua função e a forma de conservação e garantia do mesmo, e, numa segunda parte, uma abordagem sobre as formas de limitação da responsabilidade patrimonial que o ordenamento jurídico coloca ao dispor dos sujeitos, no âmbito das relações jurídicas privatísticas.

Beja, 18 de janeiro de 2023

Luís Manuel Pica

INTRODUÇÃO

A ideia de autonomia privada corresponde à capacidade que as partes detêm na (con)formação do conteúdo material e formal dos negócios jurídicos. Esta capacidade de formação (ou conformação) do conteúdo material e formal do conteúdo dos acordos contratuais celebrados é uma arte milenar que transcende os tempos, as pessoas e as tradições. Pensar no acordo entre pessoas é remontar à antiguidade e à ontologia da própria sociedade. Daí que não seja despicienda a velha frase de Aristóteles, quando afirmou que "o homem precisa viver em sociedade e precisa dos demais para se desenvolver".

O caráter social e político do ser humano, a necessidade de este se integrar em sociedade e de interagir com os demais a fim de criar as sinergias necessárias ao seu próprio desenvolvimento e ao da sociedade em que se insere, marca a sua própria caraterística evolutiva e de anseio pela busca da perfeição. E essa evolução é feita através de acordos e de contratos pelas quais se estabelecem ligações e se constituem obrigações, criando métodos e esquemas distintos de relacionamento. Só assim, o ser humano atinge o seu próprio desenvolvimento singular e coletivo.

Isto, leva-nos a pensar que a própria formação dos contratos é, também ela, multidisciplinar. Não podemos deixar de referir que os negócios e os contratos desenvolvem a sua importância também perante uma dimensão económica, social, política e, mesmo, moral. A sua importância transcende, assim, o próprio interesse "egoísta" do ser humano, assumindo contornos sistémicos e coletivos que merecem tutela. Por isso, o Direito não pode ser imune ao devir da importância que os negócios assumem na sociedade, pelo que torna-se imperativo regular os negócios jurídicos, os efeitos e o conteúdo contratual.

Mas, se há necessidade de regulação, nega-se liminarmente a ideia de o Direito constituir um bloco impeditivo que crie atritos indesejados, sob pena de deixar de ser neutral e desejável à própria sociedade. A modelação jurídica dos efeitos que os negócios e contratos é, assim, essencial para o cumprimento dos desígnios prosseguidos por estes, designadamente o seu cumprimento pontual e o desenvolvimento dos efeitos pretendidos.

Com efeito, e porque o Direito não pode deixar de ser neutral, deve permitir – dentro das margens consideradas idóneas e desejáveis aos próprios interesses da sociedade e da coletividade – a modelação dos efeitos concretos da relação jurídica contratual, e designadamente em matéria de (des)responsabilização patrimonial do devedor e da "garantia geral das obrigações".

PARTE I
O PATRIMÓNIO DO DEVEDOR ENQUANTO GARANTIA DAS OBRIGAÇÕES

I
O Património do Devedor como Garantia das Obrigações

1. Ponto de partida

Um estudo ordenado sobre a garantia geral das obrigações exige-nos a abordagem a conceitos de natureza geral, axiológica e, também, dogmáticas acerca do que se entende por *"património"*, *"garantias"* e/ou *"responsabilidade"*.

Falar do património, enquanto garantia geral das obrigações, é conceber que o ordenamento jurídico outorga, diretamente, uma tutela especial à função própria dos bens e direitos que integram o acervo patrimonial, e que corresponde, por um lado, à tutela do direito de crédito do credor, mas principalmente ao seu titular e principal beneficiário do património. Ou seja, a ordem jurídica assegura, por um lado, ao credor os meios necessários para, através de execução não específica (ou especificamente originária), ver ressarcido o seu direito de crédito, em caso de incumprimento por parte do devedor. Mas, por outro lado, concebe-se a função própria de proveito interno dos bens que fazem parte do agregado patrimonial, retirando-lhe todas as vantagens próprias que os mesmos proporcionam.

Apesar de com pouco rigor técnico-jurídico, uma conceção ampla leva-nos a entender a *garantia* enquanto fundamento securitário direcionado, essencialmente, à manutenção de uma segurança. Por isso, não é incomum referir que o conceito de garantia das obrigações pode assumir uma *dimensão geral* e uma *dimensão especial*:

i) Perante uma *dimensão geral*, a garantia patrimonial do devedor representa a possibilidade de os credores se fazerem pagar através de execução indireta (ou direta quando a prestação originária assuma natureza pecuniária), em pé de igualdade e à custa do património do devedor (cfr. artigo 601º do Código Civil)[1]. Concebe-se a ideia de um instituto que procura aglomerar no seu arquétipo jurídico-funcional um conjunto de bens que servem o propósito de ressarcimento das obrigações a que o seu titular se vincula. Contudo, não são outorgadas prerrogativas de especialidade a determinado(s) credor(es), pois gozam todos da mesma oportunidade de ressarcimento perante o sacrifício da massa patrimonial destinada e afeta ao ressarcimento dos interesses obrigacionais do(s) credor(es). Por isso, dir-se-á que o património do devedor constitui a garantia geral das obrigações, podendo os mesmos executá-lo a fim de reparar o direito violado[2]. A partir deste, poderão os credores executar o património do devedor para satisfação dos seus créditos, procedendo à apreensão deles (ou a sua venda para satisfação sucedânea), fazendo-se pagar com o produto ou entrega dos bens aos credores[3]. Contrariamente, uma dimensão especial exige a afetação de uma parte concreta e específica do património do devedor à satisfação dos credores, podendo a mesma ser afeta em termos de afetação individual e exclusiva a um (ou conjunto de) credor(es), não existindo uma concorrência pura para cumprimento da obrigação devida.

ii) Já no que diz respeito à *dimensão especial*, o património representa a especificidade que os mesmos reproduzem na esfera jurídica do seu titular. Não podemos olvidar que os bens e direitos não são estáticos – perante um plano externo e social -, integrando-se num plano económico e funcionalmente afeto às necessidades do homem e, também, da própria natureza. O proveito dos frutos que os bens e direitos sobre os mesmos reproduzem constituem uma função de aproveitamento especial e interno que subjaz as necessidades do seu titular, produzindo uma função concreta de concretização das necessidades do mesmo.

[1] Margarida Lima Rego, "As partes processuais numa acção em sub-rogação", *in Revista Themis, Ano VII, nº 13,* 2006, p.68.

[2] Luís Menezes Leitão, *Garantia das Obrigações,* 6ª Edição, Almedina, Coimbra, 2008; Miguel Pestana De Vasconcelos, *Direito das Garantias,* 3ª Edição, Coimbra, Almedina, 2019.

[3] João De Castro Mendes, Miguel Teixeira De Sousa, *Manual do Processo Civil – Volume II,* Lisboa, AAFDL Editora, 2022, p.414.

Com efeito, intentaremos, neste apartado, dar cumprimento aos propósitos de delimitação sistemática da garantia das obrigações, enquanto instituto jurídico destinado, externamente, à satisfação dos interesses creditícios do credor, mas, também, procurando dar conotação às várias funções que o mesmo assume. A sua função garantística enaltece a *praxis* jurídica, tendo a doutrina e jurisprudência dado especial atenção a esta dimensão própria do património. Por isso, começaremos pela responsabilização do devedor e a ligação que o património assume no (in)cumprimento das obrigações do mesmo.

2. A responsabilidade patrimonial e o cumprimento das obrigações

O termo responsabilidade advém do latim *respondere*, correspondendo à obrigação[4] assumida pelo sujeito em razão do ato praticado ou do negócio jurídico celebrado[5]. Do conceito de responsabilidade, ali vertido, encontrava-se, principalmente, a sujeição ao cumprimento da obrigação a que o sujeito se vinculava mediante o prévio acordo, e ao qual deveria dar cumprimento, respondendo pelas consequências do seu inadimplemento. Diremos que em sentido restrito, o termo *responsabilidade* significa ter de responder por uma obrigação (própria ou de terceiros)[6]. Por isso, quando abordamos o termo *responsabilidade*, numa aceção impositiva, referimo-nos a uma obrigação que juridicamente é dotada de coercibilidade e que, portanto, deve ser cumprida, sob pena de sanções que o Direito expres-

[4] No seio do Direito Romano, designadamente das Institutas do Justiniano, constava que a obrigação era definida como "*obligatio est iuris vinculum, quo necessitate adstringimur alicuius solvendae rei secundum nostrae civitatis iura*".

[5] José De Azeredo Perdigão, "O Princípio da Autonomia da Vontade e as Cláusulas Limitativas da Responsabilidade Civil – Noções Gerais", in *Comunicação ao Instituto da Conferência da Ordem dos Advogados*, p. 29, disponível em *https://portal.oa.pt/upl/%7B33084DF8-84BA-4DAD-806E-830BD73CDD77%7D.pdf*, consultado em 10.07.2022.

[6] Neste contexto, falamos de uma obrigação contratual, por exemplo, quando a obrigação deriva de um acordo entre as partes (*v.g. contrato de compra e venda)*; pelo contrário, uma obrigação legal corresponde a uma imposição normativamente imposta, por exemplo, uma obrigação de pagar impostos ou de pagar contribuições para a segurança social; podemos ter ainda obrigações por vontade administrativa ou judicial, quando a mesma seja constituída por vontade unilateral de um órgão administrativo ou jurisdicional, no âmbito do procedimento ou processo em curso. A génese factológica constitutiva da obrigação determina o caráter e natureza da obrigação, designadamente se a mesma se constitui por vontade das partes, ou por vontade puramente legislativa.

samente consagrou e estipulou, designadamente através da execução do património do devedor[7].

Uma conceção terminológica minimamente aceitável de *responsabilidade* não pode, contudo, ser desprovida de alguma amplitude, pois a semântica associada exige-nos entendê-la segundo uma conceção *ampla*, já que, por vezes, o termo *responsabilidade* é utilizado indistintamente e associado a diversos institutos jurídicos, cujo conteúdo material difere entre si. Ou seja, não podemos deixar de referir que o conceito de *responsabilidade* exige-nos uma abertura terminológica mais extensa, devendo, também, abranger a obrigação de reparar os danos causados ao lesado, em virtude de um ato delitual, constituindo-se a obrigação de restabelecer o *statu quo ante*, ou, na impossibilidade disto, compensando-o pelos prejuízos causados[8]. Daí que o termo *responsabilidade* seja comummente direcionado para o instituto jurídico da responsabilidade civil *(Haftung)*[9]. Este entendimento não pode ser considerado erróneo ou equivocado, pois, de facto, o termo tende a ser utilizado nesse instituto. Todavia, não podemos deixar de referir que a responsabilidade também se encontra associada ao débito da prestação pelo devedor *(Schuld)*. Por isso, as obrigações que têm a sua origem nesta responsabilidade civil (contratual ou extracontratual) encontram-se garantidas por todo o património do devedor, ou seja, em caso de incumprimento das obrigações a que os mesmos estão adstritos, o ressarcimento dos danos e o cumprimento coercivo da obrigação será conseguido por via do seu património[10].

Assim, e conforme referido *supra*, um enquadramento rigoroso não poderá deixar de referir o pressuposto geral da garantia das obrigações, consagrando no artigo 601º do Código Civil, que *"pelo cumprimento da obrigação respondem todos os bens do devedor susceptíveis de penhora, sem prejuízo dos regimes especialmente estabelecidos em consequência da separação de patrimónios"*.

[7] Mário Júlio De Almeida Costa, *Direito das Obrigações*, Almedina, 2009, p.846; Carlos Alberto Da Mota Pinto, *Teoria Geral do Direito Civil*, 4ª Edição, Coimbra, Coimbra Editora, 2005, p.171.

[8] António Menezes Cordeiro, *Tratado de Direito Civil Português II. Direito das Obrigações Tomo III – Gestão de Negócios, Enriquecimento sem causa, Responsabilidade Civil*, Coimbra, Almedina, 2010, pp.285 e seguintes.

[9] *Idem, Ibidem.*

[10] José Carlos Brandão Proença, *Lições de Cumprimento e Não Cumprimento das Obrigações*, Coimbra, Coimbra Editora, 2011, pp.399-402.

E perante a suscetibilidade de o património do devedor constituir a "garantia geral das obrigações", espraia-se uma verdadeira fonte garantística que visa fortalecer o comércio jurídico e as boas relações entre os sujeitos. Falamos de uma verdadeira universalidade patrimonial que é destinada e predisposta para potenciar e/ou reforçar o cumprimento das obrigações, procurando a afetação de certos bens ou patrimónios à salvaguarda dos direitos e interesses legalmente protegidos dos credores[11]. Apesar de o ato jurídico por excelência que determina a extinção da obrigação jurídica ser o cumprimento voluntário da mesma, não podemos deixar de afirmar que a responsabilização de certo património ou bens ao cumprimento da obrigação (principalmente pela via coerciva da mesma) procura estimular o bom desenvolvimento da relação jurídica obrigacional, prevenindo desvios patológicos e estipulando o cumprimento por via indireta.

Com efeito, a responsabilização dos bens do devedor ao cumprimento das obrigações constitui, assim, a garantia para que o credor não veja defraudadas as suas expetativas. Neste sentido, dispõe o artigo 817º do Código Civil, o qual dispõe que, "*não sendo a obrigação voluntariamente cumprida, tem o credor o direito de exigir judicialmente o seu cumprimento e de executar o património do devedor, nos termos declarados neste código e nas leis de processo*". Sempre que estejamos perante uma prestação de facto fungível, o recurso à apreensão judicial dos bens (mediante a penhora destes) e a consequente entrega ao seu credor, ou para sub-rogação destes bens através de uma venda judicial e a sua conversão em dinheiro para cumprimento da obrigação devida (cfr. artigo 828º do Código Civil) permite a satisfação do credor. Em qualquer das situações apresentadas, não é despiciendo afirmar que, os bens e o património que integram a principal garantia do cumprimento das obrigações são responsabilizados pelo seu incumprimento, excutindo-se o mesmo para satisfação das pretensões do credor, e consequentemente concretizando-se máximas de próprio interesse público materializado na segurança do comércio jurídico.

Será por via da execução do património do devedor que será possível dar cumprimento à exigência de tutela jurisdicional efetiva, assegurando a concretização e a reparação material do direito violado[12]. Daí que, a

[11] Carlos Alberto Da Mota Pinto, *Teoria Geral do Direito Civil,* 4ª Edição, Coimbra, Coimbra Editora, 2005, p.171.

[12] Fernando Amâncio Ferreira, *Curso de Processo de Execução,* 13ª Edição, Coimbra, Almedina, 2010, pp.18 e seguintes.

doutrina venha referir que a responsabilidade do devedor através da execução do seu património, apenas possa ser concretizada através da via jurisdicional de apreensão judicial dos bens daquele. Considera-se um verdadeiro direito à execução, pois se, por um lado, falamos do direito constitucional de executar o património do devedor através do processo de execução, por outro, falamos de um direito à execução do património do devedor para cumprimento da obrigação a que este estava adstrito[13]. É, precisamente, através desta segunda modalidade que poderemos falar do direito de execução específica (ou não específica) da obrigação, determinando-se pela *ex rerum natura*. Quando falamos da execução específica (cfr. artigos 827º e seguintes do Código Civil), referimo-nos a que a responsabilidade do devedor acaba por ser assacada ao bem determinado e concreto que compõe o objeto da obrigação devida. Existe, aqui, uma verdadeira correspondência entre o objeto executado e a coisa ou prestação devida. Contrariamente, quando a execução não possa ser cumprida através do objeto concreto da obrigação constituída, falamos de uma execução não específica, em que a responsabilização do devedor irá ser conseguida pela via sucedânea, isto é, através da sub-rogação de determinados bens, ou da entrega de bens equivalentes aos determinados na obrigação originária[14].

3. Um conceito (aproximado) de património enquanto garantia geral das obrigações

3.1. Um conceito (aproximado) de património

O problema do cumprimento das obrigações está profundamente relacionado ao conteúdo e ao desempenho ao qual o(s) devedor(es) está(ão) vinculado(s). O âmbito das obrigações decorrentes dos vários tipos de desempenho é uma questão que normalmente não é examinada em profundidade, sendo omitida uma diferenciação exaustiva entre desempenho a dar, desempenho a fazer e desempenho a não fazer, bem como em relação ao desempenho a garantir. As provisões de garantia, também chamadas provisões de segurança ou de indemnização, tornaram-se muito importantes em termos de cobertura de riscos e na proteção mais adequada dos interesses do credor, bem como na sua plena satisfação em eventos em que

[13] João De Castro Mendes, Miguel Teixeira De Sousa, *Manual do Processo Civil – Volume II*, Lisboa, AAFDL Editora, 2022, p.412.

[14] *Idem, Ibidem.*

não consistem numa utilidade específica ou num resultado tangível, mas numa obrigação de proporcionar segurança, paz de espírito face a certos riscos, devido ao facto de as suas consequências nocivas estarem total ou parcialmente cobertas.

A segurança pretendida e cujo desiderato se relaciona com a manutenção de uma ordem social coesa e sistematicamente unida a critérios de dignidade e de respeito pela pessoa humana, exige que, em toda relação jurídica de natureza obrigacional, o património do devedor constituía a garantia geral do adimplemento. Afirmar isto, é considerar que os vínculos obrigacionais suscitam palpitações na esfera patrimonial dos credores, merecendo intervenção do Direito. As expetativas e os interesses dos credores conduzem a uma necessidade interventiva do Direito, impedindo a frustração dos seus interesses patrimoniais pelo incumprimento culposo e imputável ao devedor. Dir-se-á que, este incumprimento é suscetível de reparação, nomeadamente por via da execução do património do devedor, já que os bens que compõem uma universalidade patrimonial de bens servem, aqui, o escopo de garantir um cumprimento coercivo das obrigações a que o devedor se vincula e que, por factos que lhes são imputáveis, venha incumprir.

Contudo, uma noção de *património* e de *garantia geral das obrigações* está longe de gozar de um consenso generalizado na doutrina e na jurisprudência[15]. Sem ser nosso objetivo a delimitação de um conceito exaustivo e dogmaticamente aceite pelos estudiosos do direito, diremos que a ideia de *património* configura-se como um acervo patrimonial composto por um conjunto de elementos materiais e imateriais, fungíveis e infungíveis, suscetíveis de avaliação pecuniária e agregados entre si por um elemento subjetivo matricial, que é o seu titular[16]. Neste sentido, distingue PAULO MOTA PINTO[17], que, "o património [pode ser] visto como um determi-

[15] Veja-se, entre outros, ELSA VAZ DE SEQUEIRA, "Da Objectividade Jurídica do Património", *in Estudos dedicados ao Professor Doutor Nuno José Espinosa Gomes da Silva*, Católica Editora, 2013, p.297-326; PAULO MOTA PINTO *Interesse Contratual Negativo e Interesse Contratual Positivo*, Volume I, Coimbra, Coimbra Editora, 2008, pp.474-475; LUÍS CARVALHO FERNANDES, *Teoria Geral do Direito Civil I*, 1ª Edição, Universidade Católica Editora, 2007, p.143.

[16] ELSA VAZ DE SEQUEIRA, "Da Objectividade Jurídica do Património", *in Estudos dedicados ao Professor Doutor Nuno José Espinosa Gomes da Silva*, Católica Editora, 2013, p.297-326.

[17] PAULO MOTA PINTO *Interesse Contratual Negativo e Interesse Contratual Positivo*, Volume I, Coimbra, Coimbra Editora, 2008, pp.474-475.

nado valor em que se traduzem os bens que o integram". Daí que, o conceito de *património* possa ser entendido num sentido material ou real e num sentido económico, sendo esta distinção "importante porque permite salientar que a afectação, ordenação ou repartição de bens tem também uma dupla dimensão: enquanto afectação ou repartição 'real', a que correspondem efeitos 'em espécie' (e não no sentido de se verificar mediante a protecção típica dos direitos reais), e enquanto afectação ou repartição de valor, puramente económica, a que correspondem efeitos apenas no plano do valor económico".

Neste sentido, o próprio Código de Seabra desenvolvia o conceito de património enquanto "bens", "soma de bens" ou "cúmulo de bens". Do mesmo modo, o atual Código Civil de 1966 manteve esta tradição secular, pois não raro são utilizados indiferenciadamente os termos "património" e "conjunto de bens"[18].

Ora, atentos aos objetivos do presente escrito, dir-se-á, de forma breve, que a terminologia "*conjunto de bens*", não goza da simpatia da doutrina maioritária, pois como bem se compreende, a titularidade de certos direitos pode não abranger a propriedade sobre um determinado bem, podendo o devedor ser titular de um direito de usufruto, de superfície ou apenas gozar do direito de uso precário sobre o mesmo. Daí que, por vezes, se adote um conceito amplo e jurídico de "património", na medida em que a sua conceção material integre quer a titularidade de direitos sobre bens concretos, mas também sobre direitos creditícios que podem ser avaliados pecuniariamente e que podem servir ao escopo de responsabilização do seu titular. E nesta compreensão não podemos deixar de referir as próprias adstrições jurídicas a que o devedor está obrigado.

Na nossa humilde opinião, diremos que o conceito de património não pode deixar de integrar, na sua materialidade, a vinculação de direitos do seu titular. Ou seja, o património é constituído por direitos, compreendendo, assim, quer situações creditícias, reais e/ou económicas que sejam avaliáveis em dinheiro. Falamos de um património ativo que preenche o acervo patrimonial do seu titular e que permite, numa dimensão externa, uma aparência garantística para os demais credores que pretendam estabelecer relações jurídicas com o devedor; numa dimensão garantística per-

[18] Veja-se, entre outros, os artigos 119º, nº 1, 601º, 602º, 604º, 735º, 940º, 1345º, 1693º, nº 2, 1697º, nº 2, e 1732º. Também o Código de Processo Civil consagra este desenvolvimento objetivo, designadamente nos artigos 735º, nº 1, 736º e 751º.

mitirá que, em caso de incumprimento das obrigações constituídas, esses direitos sobre bens (materiais ou imateriais) sejam executados através da sua apreensão judicial[19]. Pelo contrário, a integração das sujeições passivas na compreensão jurídica de património será uma tese que não poderemos sufragar. É que, a instrumentalidade do património ao cumprimento das situações passivas não poderá servir para o integrar no seu conceito jurídico. Apesar de fazer parte do hemisfério patrimonial – o qual deve ser suficientemente amplo para abranger situações ativas, passivas e outros patrimónios[20] -, a função garantística que integra o conceito de *património* deve levar-nos a considerar apenas as dimensões materiais e jurídicas do conceito, designadamente através da integração na esfera jurídica patrimonial dos direitos e/ou bens do seu titular.

Com efeito, diremos que um conceito minimamente aceite de *património* será integrado por: *i)* um conjunto de direitos e vinculações pertencentes a determinada pessoa e que seja suscetível de avaliação em dinheiro (dimensão jurídica), integrando nesta dimensão o direito de propriedade ou de usufruto sobre determinado bem imóvel; ou *ii)* poderá ser entendido como o conjunto de bens (i)materiais pertencentes a certa pessoa, em determinado momento, e que, também, sejam avaliáveis em dinheiro (dimensão material)[21].

3.2. As várias funções do património

A função do património constitui pressuposto jurídico e material que encerra em si uma complexidade funcional própria de um instituto altamente denso e instrumentalizado a vários ramos do Direito, mas também a domínios políticos, económicos e/ou sociais. Falamos que o referido conceito de património pode fixar a sua função quer ao próprio titular dos bens e/ou direitos, como em relação a terceiros[22].

[19] Luís Carvalho Fernandes, *Teoria Geral do Direito Civil I*, 4ª Edição, Universidade Católica Editora, 2007, p.143.

[20] Elsa Vaz De Sequeira, "Da Objectividade Jurídica do Património", *in Estudos dedicados ao Professor Doutor Nuno José Espinosa Gomes da Silva*, Católica Editora, 2013, pp.304-305.

[21] Luís Carvalho Fernandes, *Teoria Geral do Direito Civil I*, 4ª Edição, Universidade Católica Editora, 2007, pp.142-143; Elsa Vaz De Sequeira, "Da Objectividade Jurídica do Património", *in Estudos dedicados ao Professor Doutor Nuno José Espinosa Gomes da Silva*, Católica Editora, 2013, pp.304-305.

[22] Luís Carvalho Fernandes, *Teoria Geral do Direito Civil I*, 4ª Edição, Universidade Católica Editora, 2007, p.142.

Mas, entre as várias funções que podem ser apresentadas pela doutrina e/ou pela jurisprudência, podemos apresentar que a função do património acaba se restringir a uma dualidade funcional, designadamente: i) dimensão externa; ii) e uma dimensão interna[23].

Apresenta-se a função do património a um conceito próprio do direito, pois não podemos deixar de compreender que os bens jurídicos e a titularidade sobre certos direitos apresentam-se como um pressuposto que encerra em si uma dogmática própria funcionalizada a interesses concretos. Por isso, em termos sistémicos, apresentaremos as funções segundo uma dualidade concreta dimensionada ao titular do património e dimensionada a terceiros que com este estabeleçam relações relevantes para efeitos do Direito.

3.2.1. A função interna do património

A função interna do património exige uma dimensão positiva que pressupõe a garantia pessoal que o património representa para o seu próprio titular. Falamos de uma dimensão positiva que exige a necessidade que o titular tem de usar e fruir do seu património para efeitos de sobrevivência e de sustento na sua vida quotidiana. Cada pessoa carece de um mínimo de suporte material que lhe permita a sua sobrevivência, sendo através do seu património que é possível desempenhar esta necessidade vital. Veja-se que, se o seu património não se configura como suficiente para o seu titular sobreviver, a lei predispõe a possibilidade de a sobrevivência ser assegurada à custa do património de um terceiro (*v.g.* artigo 2003º e seguintes do Código Civil), ou mesmo através de medidas previdências de natureza social (*v.g. rendimento social de inserção, pensão de viuvez ou de sobrevivência, etc.).* Como refere Luís Carvalho Fernandes[24], a função interna do património desenvolve-se como uma extensão natural da própria personalidade jurídica, compreendendo, assim, um pressuposto axiológico de valor irrenunciável e socialmente relevante para efeitos de tutela especial pelo Direito. E, de facto, a função interna do património configura-se como expoente da sustentabilidade do seu titular. Daí que, seja através da(s)

[23] Acórdão do Tribunal da Relação de Lisboa de 08.04.2014, Processo nº 15322/11.7T2SNT-E. L1-2, Relator Desembargador Eduardo Azevedo, disponível em *http://www.dgsi.pt.*

[24] Luís Carvalho Fernandes, *Teoria Geral do Direito Civil I,* 4ª Edição, Universidade Católica Editora, 2007, p.144.

possibilidade(s) interna(s) que o(s) mesmo(s) encerra(m) que será possível recorrer aos mecanismos legais vigentes para sobrevivência do seu titular.

Com efeito, a dimensão apresentada é uma conceção *positiva* em que a representatividade do património se ergue perante uma visão de aproveitamento interno. Todavia, não podemos deixar de conceber a função interna perante uma dimensão, também ela, *negativa*. Neste caso, falamos que o património apresenta-se como fundamento e limite na responsabilização do seu titular pelo incumprimento das suas obrigações. Veja-se que, o legislador consagra medidas normativas, de natureza imperativa, que proíbem a responsabilização do património do devedor. Por um lado, dispõe o artigo 601º do Código Civil, que "pelo cumprimento da obrigação respondem todos os bens do devedor *suscetíveis de penhora*", sendo que, o nº 1 do artigo 735º do Código de Processo Civil, consagra que "estão sujeitos à execução todos os bens do devedor *suscetíveis de penhora*"[25]. Dando extensão normativa a esta permissão, a dimensão *negativa* é encontrada em várias disposições de natureza adjetiva. Por exemplo, o artigo 736º do Código de Processo Civil, elenca um conjunto de bens que, imperativamente, são subtraídos da alçada de responsabilização por parte do devedor. Também os artigos 737º e 738º do mesmo diploma legal consagram um conjunto de bens insuscetíveis de penhora, mas, aqui, com algumas permissões ou abrandamentos. Contudo, é na lei substantiva que encontramos verdadeiras expressões desta dimensão *negativa*. Consagra o artigo 1488º do Código Civil, que o direito de uso e habitação é um direito intransmissível, não sendo passível de oneração e, portanto, impenhorável. Neste sentido, tanto a jurisprudência como a doutrina tem sido uniforme neste entendimento, afirmando que "por ser um direito inalienável, o direito de uso e habitação tem, como consequência, ser também um direito impenhorável"[26]. Assim, "o direito de uso e habitação é um direito mais limitado que o usufruto e com características próprias, estando limitado quanto à fruição à satisfação de necessidades pessoais e familiares (artigo 1484º, nº 1, do Código Civil), é intransmissível e inalienável, não podendo

[25] José Lebre de Freitas, *A ação executiva à luz do Código de Processo Civil de 2013*, 7ª Edição, Gestlegal, 2017, pp.218 e seguintes; Rui Pinto, *Manual da Execução e Despejo*, Coimbra, Coimbra Editora, 2013, pp.459 e seguintes.

[26] Acórdão do Tribunal da Relação de Lisboa de 02.11.1989, disponível no Boletim do Ministério da Justiça nº 391, p.681; Acórdão do Tribunal da Relação de Lisboa de 22.06.1989, estes últimos disponíveis em *http://www.dgsi.pt*.

ser onerado (artigo 1488º), sendo, por isso, um direito pessoalíssimo"[27]. Do mesmo modo, dispõe o artigo 2008º, nº 2 do Código Civil, que "o crédito de alimentos não é penhorável, e o obrigado não pode livrar-se por meio de compensação, ainda que se trate de prestações já vencidas".

Em todos estes casos, a dimensão *negativa* apresentada pela função interna do património aflora um verdadeiro fundamento de sustentabilidade e de necessidade para o seu titular, procurando estabelecer uma proeminência que demonstra a sua importância e funcionalidade afeta aos interesses de sobrevivência e de necessidade. A sua função interna revela-se, assim, como extensão do direito natural relevado pela necessidade de proveito do seu titular para a sua sobrevivência, demonstrando assim um pressuposto de tutela que merece atenção por parte do Direito e que não poderá ser despicienda, sob pena de esvaziarmos o conteúdo axiológico do próprio Direito.

3.2.2. A função externa do património

Se até aqui, temos vindo a referir a função puramente interna e pessoal do património, enquanto conjunto de bens e direitos afetos aos interesses do seu titular destinados ao seu proveito e para efeitos da sua sobrevivência, não podemos, contudo, deixar de referir que o património assume, também, uma *função externa* de garantia e de demonstração de riqueza e liquidez perante terceiros. É que, o património tem também a função de servir como garantia comum dos direitos e obrigações do seu titular, sendo, atualmente, o único meio garantístico que os credores têm ao seu dispor, em caso de incumprimento das obrigações por parte do devedor. Com a abolição do cumprimento pessoal das obrigações, o património do devedor constitui, atualmente, o único garante contra eventuais incumprimentos, sendo a partir da sua execução judicial que será possível ressarcir o credor pelos eventuais danos sofridos[28].

[27] Acórdão do Tribunal da Relação de Évora de 07.12.2017, acórdão do Tribunal da Relação de Évora de 16.05.2019, disponível em *http://www.dgsi.pt*.

[28] Sobre o desenvolvimento e evolução do princípio "*nemo ad factum cogi potest*", Cfr. PEDRO DE ALBUQUERQUE, "O direito ao cumprimento de prestação de facto, o dever de a cumprir e o *princípio nemo ad factum cogi potest*. Providência cautelar, sanção pecuniária compulsória e caução", *in RIDB*, Ano 2, nº 9, 2013, pp.8931-9041, disponível em *https://www.cidp.pt/revistas/ridb/2013/09/2013_09_08981_09041.pdf*, consultado em 19.01.2023.

Neste sentido, dispõe o artigo 601º do Código Civil, que é no património do devedor que os credores encontram a satisfação dos seus créditos. Mas, não esqueçamos que a função externa apresenta uma expressão de garantia perante os credores, através do qual, pela sua elasticidade, permitirá exteriorizar e manifestar a capacidade financeira e de resposta do seu titular. Ou seja, em termos análogos à função do capital social em sede societário ou à manifestação de riqueza em matéria fiscal, o património do devedor, na sua função externa, permite exteriorizar perante terceiros a capacidade de relacionamento e de cumprimento das obrigações do seu titular perante os demais credores, sendo que a preponderância de estabelecimento de relações jurídico-obrigacionais será maior, conforme a capacidade externa de garantia do património. Isto porque, em caso de incumprimento, um maior acervo patrimonial permitirá dar resposta às exigências creditícias dos credores, permitindo executar o seu património para satisfação do crédito.

Porém, não valerá a mera determinação legislativa de um interesse material ou de uma pretensão substantiva pretendida. Dir-se-á que o resultado de um interesse material acaba por revelar a necessidade de efetivação desse interesse, nomeadamente através de meios processuais capazes de dar resposta às mencionadas pretensões, cabendo assim ao legislador a consagração de medidas adjetivas suficientemente concretas que permitam a concretização dos resultados previamente estabelecidos na *factiespecie* da norma jurídica. Ou seja, visando a realização do direito material, as normas processuais devem ser encaradas como instrumento suficiente, dotado de carga ética para, internamente e dogmaticamente, assentarem como bases de verdadeiros direitos fundamentais que permitem a efetivação dos direitos substantivos e dos resultados normativos delimitados normativamente e desejados pelo legislador ordinário. E será através do processo executivo, enquanto instrumento jurisdicional de reação, que o credor poderá efetivar o cumprimento atempado dos direitos de que é titular[29]. Será a partir

[29] O processo (segundo uma dimensão amplíssima) deriva do latim *procedere*, a qual representa a ação de avançar, de ir para frente, chegar a um destino através de uma condução prévia e ordenada (*pro* + *cedere*). Representa um conjunto sequencial de atos e ações destinadas a um objetivo comum e determinado previamente. Por isso, o processo executivo não poderá deixar de compreender o conjunto de atos, sequencial e temporalmente determinados segundo uma ordem sistémica previamente determinada normativamente, destinados à concretização de um objetivo principal, designadamente o cumprimento coercivo de uma obrigação a que o

da consagração deste acervo processual de natureza coativa que o Estado coloca os instrumentos de satisfação dos interesses e direitos dos privados, designadamente através da possibilidade de demandar as funções jurisdicionais e repressivas do Estado, a fim de obter o cumprimento coercivo das obrigações a que o devedor se comprometeu e que, indevidamente, não cumpriu, ou através da obtenção de um sucedâneo equivalente[30]. Por isso, e como bem refere CARVALHO FERNANDES[31], "não basta à função interna do património, para assegurar a sua efetividade prática, a fixação normativa da garantia patrimonial dos credores; para ela ter verdadeiro sentido, é necessário assegurar, quanto possível, que os bens do devedor estejam à disposição do credor quando o exercício coativo do seu direito se torne necessário". Daí que consagre o artigo 817º do Código Civil, que, "não sendo a obrigação voluntariamente cumprida, tem o credor o direito de exigir judicialmente o seu cumprimento e de executar o património do devedor, nos termos declarados neste código e nas leis de processo".

Saliente-se que, o resultado do primado pela efetivação das garantias jurisdicionais necessárias à salvaguarda e concretização do direito dos sujeitos, é a consagração de um conjunto de normas jurídicas destinadas à satisfação dos direitos dos credores. Através destas, os credores ficam dotados de instrumentos adjetivos suficientes para dar cumprimento aos desideratos pretendidos. A contribuição de uma teia normativa que organiza um procedimento direcionado para a concretização de resultados, acaba por pressupor a própria matricialidade do direito à tutela jurisdicional efetiva das normas jurídicas que são desenvolvidas em seu torno.

devedor esteja subordinado. Dir-se-á que, o processo executivo termina, distintamente ao processo declarativo, com o cumprimento da obrigação do devedor (voluntário ou coercivo), podendo acontecer que o próprio processo executivo tenha o seu termo com o cumprimento voluntário do devedor, sem que seja necessária a prática de atos de natureza jurisdicional

[30] A ação executiva é, assim, o meio jurisdicional pelo qual o credor requer as providências necessárias e adequadas à realização coativa de obrigação que lhe é devida, designadamente através da apreensão judicial dos bens do executado através do ato judicial da penhora, satisfazendo o seu crédito a partir do produto da sua venda ou da sub-rogação dos seus direitos (cf. artigo 10º, nº 4 do CPC). Cfr., entre outros, JOÃO DE CASTRO MENDES, MIGUEL TEIXEIRA DE SOUSA, *Manual de Processo Civil. Vol II*, Lisboa, AAFDL Editora, 2022, pp.403 e 404.

[31] LUÍS CARVALHO FERNANDES, *Teoria Geral do Direito Civil I*, 4ª Edição, Universidade Católica Editora, 2007, p.147.

Por isso, será através da execução do património do devedor que a função externa se concretiza enquanto postulado subjetivo de efetivação do direito material, configurando, assim, a tutela dos credores na garantia do património do devedor enquanto forma de responsabilização geral pelo incumprimento deste.

3.3. Um conceito (aproximado) de garantia geral das obrigações

Antes, ainda, de partir para a abordagem das cláusulas de responsabilização do património do devedor, exige-se que seja feita uma (breve) abordagem ao conceito de garantia geral das obrigações. Como se deixou dito ao longo do presente trabalho, o ordenamento jurídico consagra uma verdadeira garantia geral (e patrimonial) das obrigações, consagrando que, pelas dívidas do devedor, respondem todos os bens deste, excetuando, contudo, aqueles que nos termos legais ou convencionais sejam subtraídos de responsabilização (cf. artigo 601º do Código Civil e Artigo 735º do Código de Processo Civil). Contudo, é forçoso eximir-se apenas a esta referência normativa. Um estudo sério e exigente envolve conceitos e delimitações que não podem deixar de ser referidas, pelo que, a dogmática envolvente ao conceito de *garantia geral das obrigações* deve pressupor uma exigência teorética e jurídica mais robusta e sistematicamente coerente.

Em primeiro lugar, dir-se-á que um conceito, mais ou menos coerente, sobre *garantia geral das obrigações*, não pode deixar de referir que o direito de crédito merece a tutela por parte do Direito, sendo no património do devedor que encontramos esta tutela, designadamente por via da sua execução para cumprimento (coercivo) da obrigação devida. O Direito, através dos meios coercivos, oferece a sua capacidade impositiva para que o credor possa satisfazer a sua pretensão creditícia, socorrendo-se, para o efeito, dos meios jurisdicionais destinados para o efeito.

Em segundo lugar, a adoção por um conceito *geral* pressupoe a exigência de especificar uma parte concreta do património que será avaliada ou classificada como *especial*. Se, por um lado, a garantia *geral* das obrigações estabelece que todo o património do devedor está afeto à realização coativa da obrigação devida, as garantias *especiais* supõem um acervo do património especializado e que é concretamente afetado à realização das obrigações devidas, seja por via da instituição de um património alheio à concretização do direito creditício (*garantias pessoais*) ou através da concretização de meios de satisfação especiais de preferência face aos demais credores (*garantias reais*)[32]. Dito isto, é ponto assente que a garantia geral das obrigações pressupõe um pé de igualdade entre todos os credores, podendo todos estes satisfazer as suas pretensões creditícias através do património do devedor, mas sem um concurso de especialidade ou preferência entre eles, contrariamente à concorrência mediante uma garantia especial. Nesta última situação, o credor goza de uma preferência em caso de concurso com credores que detenham uma outra garantia especial (valendo a regra da prevalência registal ou material, conforme os casos concretos da garantia especial apresentada) ou de credores que apenas detenham a garantia comum do património do devedor. E, de facto, é esta a posição adotada pelo legislador, quando consagra no artigo 604º do Código Civil, que não existindo causas legítimas de preferência, os credores têm o direito de ser pagos proporcionalmente pelo preço dos bens do devedor, quando ele não chegue para integral satisfação dos débitos, sendo causas legítimas de preferência, além de outras admitidas na lei, a consignação de rendimentos, o penhor, a hipoteca, o privilégio e o direito de retenção[33]. Fora destes casos, vale uma verdadeira igualdade entre credores na satisfação dos seus direitos creditícios, valendo a velha máxima da *par condicio creditorum*[34/35].

[32] Luís Menezes Leitão, *Garantia das Obrigações,* 6ª Edição, Almedina, Coimbra, 2008; Miguel Pestana De Vasconcelos, *Direito das Garantias,* 3ª Edição, Almedina, Coimbra, 2019.

[33] Contrariamente, tem sido posição uniforma da jurisprudência a exclusão da *penhora* enquanto garantia especial das obrigações. Nas palavras do Tribunal da Relação de Guimarães, no seu aresto de 10.07.2018, foi afirmado que, "a penhora não está prevista no Código Civil entre as garantias especiais das obrigações (Capítulo VI do Código Civil), mas sim no Capítulo VII (Cumprimento e não cumprimento das obrigações) Secção III (Realização coactiva da prestação). A penhora não é, em sentido rigoroso, uma garantia do crédito. É apenas o meio de obter o cumprimento coercivo da obrigação, consistindo na apreensão do bem – conservação da garantia geral relativamente a um ou mais bens, na medida do necessário à satisfação daquele crédito – para, através dele (venda ou adjudicação), os Tribunais se substituírem ao executado no cumprimento da respectiva obrigação pecuniária". Acórdão do Tribunal da Relação de Guimarães de 10.07.2018, Processo nº 3128/17.4T8VNF-G.G1, Relatora Desembargadora Eva Almeida, disponível em *http://www.dgsi.pt.* Contudo, sublinha Menezes Leitão que "entre essas garantias especiais inclui-se a penhora (arts. 735º e ss. do C.P.C.). o que permite ao exequente. a partir do momento em que ela é declarada, adquirir prioridade em relação a outros credores que não disponham de garantia real sobre os bens penhorados (art.822.º, n.º1)". Luís Menezes Leitão, *Direito das Obrigações. Vol.II – Transmissão e Extinção das Obrigações. Não cumprimento e garantias do crédito,* 6ª Edição, Coimbra, Almedina, 2008, p.296.

[34] Neste sentido, são várias as consequências que emergem do princípio da *par condicio creditorum,* designadamente:

Assim, e em termos de ancoramento discursivo, diremos que um conceito (aproximado) de *garantia geral das obrigações* é composto por todo o património que, nos termos da lei substantiva e adjetiva, responda, em execução não específica ou execução equivalente[36], pelas dívidas do seu titular, pressupondo um acervo juridicamente e economicamente relevante, integrado por posições jurídicas ativas e de avaliação pecuniária positiva que permitam a satisfação dos credores, através das ações correspondentes à sua execução[37]. Ainda assim, não podemos deixar de referir que se trata de uma noção representada por um conjunto de bens (mate-

i) Os credores que não gozem de garantias especiais concorrem em igualdade de circunstâncias, independentemente da antiguidade dos créditos, contrariamente aos credores que gozem de garantias reais, os quais por gozarem de eficácia absoluta (*erga omnes*), prevalecem sobre os demais credores sem qualquer garantia especial, e sobre os que gozando de garantia real, por ordem de legal ou de constituição;
ii) A concorrência igualitária projetada por este princípio determina, por exemplo que a nulidade invocada por um dos credores aproveite aos demais (cfr. artigo 605º, nº 2 do Código Civil), da mesma forma que a sub-rogação exercida por um deles também é aproveitada pelos demais (cfr. artigo 609º do Código Civil), afastando-se, contudo, por regras especiais, como é, por exemplo, a ação impugnação pauliana (cfr. artigo 616º, nº 4 do Código Civil);
iii) Em caso de insuficiência do património do devedor para cobrir todos os créditos, torna-se necessário fazer o rateio pelos mesmos, pelo que, sendo maior, quantitativamente, o património e, consequentemente, o crédito a que corresponda o ativo disponível, mais larga será a margem para satisfazer o passivo.

[35] António Menezes Cordeiro, *Tratado de Direito Civil. Vol.X. Direito das Obrigações – Garantias*, Coimbra, Almedina, 2015, pp. 426-427; Paulo Silva Campos, "O arresto como meio de garantia patrimonial – Uma perspetiva substantiva e processual", *in Revista de Direito das Sociedades, Ano VIII, Vol.3*, Almedina, *2016*, pp.743 e seguintes.

[36] Margarida Lima Rego, "As partes processuais numa acção em sub-rogação", *in Revista Themis, Ano VII, nº 13*, 2006, p.68.

[37] "O credor, para assegurar que sejam satisfeitos ou conservados os seus direitos, pode exercer os direitos e as acções que competem contra terceiros ao próprio devedor e que este omite exercer, desde que os direitos e as acções tenham conteúdo patrimonial e não se trate de direitos ou de acções que, por sua natureza ou por disposição da lei, não podem ser exercidos senão pelo seu titular. O credor, quando agir judicialmente, deve citar também o devedor ao qual pertence sub-rogar-se". Vaz Serra, "Responsabilidade Patrimonial", *in Boletim do Ministério da Justiça*, Nº 75, Lisboa, Ministério da Justiça, 1958, p.155. Por sua vez, sufraga Margarida Lima Rego que um conceito de *garantia geral das obrigações* é "a sujeitabilidade da generalidade dos bens que integram o património do devedor à execução para satisfação do direito do credor a uma prestação pecuniária seja ela primária ou indemnizatória. Numa outra perspectiva, é a faculdade do credor de efectivar a responsabilidade patrimonial do devedor". Margarida Lima Rego, "As partes processuais numa acção em sub-rogação", *in Revista Themis, Ano VII, nº 13*, 2006, p.68.

riais e imateriais, presentes e futuros) que contém na sua materialidade uma quantificação aritmeticamente variável, cujos contornos de avaliação dependem de um conjunto alargado de pressupostos (internos e externos ao devedor), pelo que qualquer diminuição que envolva uma perda do património constitui uma redução da garantia do(s) credor(es). Embora tal não resulte claro, a verdade é que a patrimonialidade relevante para o credor encontra-se quando são requeridas as medidas coercivas de execução para obtenção da prestação devida, pelo que será neste momento que será relevante a existência, ou não, do património do devedor, daí que o Direito não possa deixar de compreender meios de tutela específicos que permitam acautelar a garantia do cumprimento geral das obrigações, que é o património do devedor.

II
Os Meios de Conservação da Garantia Patrimonial

1. Enquadramento introdutório

Num primeiro momento, as cláusulas convencionais de responsabilidade patrimonial, em que a responsabilidade do devedor é limitada a certos bens ou alguns destes são excluídos, pressupõe alguns problemas de conciliação com a ideia de imputabilidade patrimonial que constitui o património do devedor. A obrigação exige sempre um centro de imputação de responsabilidade em que o incumprimento daquela estabelece um dever de ressarcimento por via do património do devedor, demonstrando-se a função garantística do mesmo. Por isso, questiona-se sobre que obrigação jurídica seria aquela pela qual o devedor não responde perante o credor com os seus bens (presente e futuros) e pelos danos e prejuízos causados? A obrigação careceria de efetividade, pois o seu cumprimento ficaria ao puro arbítrio do devedor, o que suporia uma decadência do contrato como instrumento da autonomia privada[38]. Quem iria estabelecer qualquer relação contratual se não soubesse que o ordenamento jurídico põe à disposição do credor uma série de remédios que obter o ressarcimento satisfatório do interesse do credor da relação jurídica obrigacional, quando tal interesse é lesionado pelo incumprimento do devedor?

Nos termos já referidos, convoca-se a ideia que o património do devedor constitui, todo ele, o principal garante pelo incumprimento das suas obrigações. Neste particular domínio, torna-se coerente analisar que a

[38] Inocêncio Galvão Teles, *Direito das Obrigações*, 7ª Edição, Coimbra, Coimbra Editora, 2010, pp.58 e seguintes.

sua materialidade interna integra um conjunto de ativos que será variável conforme a titularidade e o valor que as mesmas assumam quando o credor requer as medidas coercivas ao cumprimento da obrigação por via da execução do património do devedor.

Antes de averiguar como resolver, antecipar ou prevenir atos prejudiciais que possam envolver a frustração indevida do crédito do credor, convém, desde agora, fixar que o enquadramento da problemática supõe o entendimento que o património do devedor é quantificável e avaliável pecuniariamente, podendo, inclusive, variar em conformidade com as disposições de vontade do seu titular. É certo que nestas situações, o património do devedor não fica "congelado", pois entre o momento em que é constituída a obrigação – por via contratual ou legal – e o momento em que a mesma deve ser cumprida, pode o mesmo majorar ou minorar – quer em termos quantitativos e qualitativos -, alterando-se a sua configuração e arquétipo durante o hiato de tempo decorrido entre um e outro momento.

Com efeito, o devedor não tem a obrigação de manter o seu património intangível e imutável, não cabendo esta obrigação na formulação do negócio jurídico visado. Veja-se que podemos ter a situação que o património do devedor é onerado, alienado – quer gratuitamente ou onerosamente – ou mesmo temporariamente limitado (*v.g.* arrendamento ou aluguer). Podemos ter, nestas situações, a mera substituição de uns bens por outros, ou mesmo liberalidades que empobrecem o valor e a quantidade do património do devedor. O valor económico do património pode, assim, permanecer igual, aumentar ou mesmo diminuir. Por outro lado, poderão ser contraídas novas obrigações que poderão entrar em concurso com as demais obrigações previamente constituídas.

Neste sentido, podemos dizer que, apesar de os negócios jurídicos, em regra, não constituírem um facto juridicamente relevante que se desenvolva como efeito conclusivo de diminuição do património do devedor, pode ocorrer esta minoração se se verificar um decréscimo da garantia geral da obrigação constituída. Por isso, um negócio jurídico pode ser, em certas ocasiões e do ponto de vista económico, prejudicial para determinado sujeito, pelo que se conclui pela seguinte premissa: *o património que funciona como garante das obrigações é volúvel e facilmente mutável.*

Contudo, não poderemos adotar uma visão ultra protecionista dos interesses do credor que limite a autonomia dos atos do devedor. Fazê-lo seria assumir uma posição ilícita e restritiva dos direitos fundamentais do devedor, no sentido de limitar a sua liberdade contratual, patrimonial, empresarial e de relacionamento com os demais sujeitos. Por conseguinte, deverá o ordenamento jurídico adotar instrumentos jurídicos capazes de acautelar estes atos que causem um prejuízo nas garantias dos credores, mas, sempre que esses atos se mostrem direcionados à frustração dos interesses destes últimos.

Por isso, e como vimos, a responsabilidade universal e genérica que constitui a garantia geral das obrigações limita-se aos bens que existem realmente no património do devedor à data da execução coerciva da obrigação. Neste sentido, dir-se-á que, tudo que sai do património do devedor sai da garantia do credor, ou seja, a redução do património do devedor suscita uma redução da garantia geral das obrigações que o credor poderá futuramente executar. Assim, certo será referir que, em caso de reduções ilícitas do património do devedor, cabe a possibilidade de reconstrução do mesmo, mediante as ações de revogação pauliana ou sub-rogatórias adequadas a (re)compor a situação jurídica caso a prática do ato lesivo não tenha ocorrido.

Vejamos assim, sumariamente, alguns dos mecanismos adotados pelo legislador ordinário para limitar os atos de disposição do património do devedor.

2. A ação pauliana

2.1. Enquadramento legal e concetual

Consagra o artigo 610. º do Código Civil que, "*os atos que envolvam diminuição da garantia patrimonial do crédito e não sejam de natureza pessoal podem ser impugnados pelo credor, se concorrerem as circunstâncias seguintes: a) Ser o crédito anterior ao ato ou, sendo posterior, ter sido o ato realizado dolosamente com o fim de impedir a satisfação do direito do futuro credor; b) Resultar do ato a impossibilidade, para o credor, de obter a satisfação integral do seu crédito, ou agravamento dessa impossibilidade*"[39].

O instituto jurídico da impugnação pauliana representa a possibilidade de o credor intervir, ainda que indiretamente, nos atos de gestão patrimonial do seu devedor. Com efeito, é bem conhecido que o credor detém um dever de vigilância sobre a atividade do devedor, mas não permite uma intervenção direta que permita opor-se a todos e cada um dos seus atos, ainda que considerados putativamente prejudiciais, repercutindo

[39] Luís Menezes Leitão, *Garantia das Obrigações*, 6ª Edição, Coimbra, Almedina, 2008, pp.65 e seguintes.

posteriormente nos seus interesses e causando-lhe desvantagens ou danos. Neste sentido, é precisamente neste momento que aparece a ação pauliana, enquanto meio de salvaguarda reparatória dos interesses do credor contra o chamado "devedor perverso", "sem escrúpulos" e desonesto que pouco lhe importa a sorte que corra contra a sua honra e reputação enquanto homem, dentro do aglomerado social onde se insere. Ou seja, em termos sumários, diremos que o instituto jurídico da impugnação pauliana (ou ação pauliana) constitui um instituto jurídico que o ordenamento jurídico coloca ao dispor dos credores destinado – em função das ações dolosas praticadas com vista a um aumento da sua situação de insolvência[40] (no sentido técnico-contabilístico de diminuição do ativo face à manutenção do passivo) – a reconstruir o património do devedor, a fim de recolocar, ficticiamente e por via da cominação de ineficácia dos atos praticados, a situação patrimonial do devedor, procurando repor a situação como se os atos dolosos não tivessem sido praticados. Não falamos de uma reposição que aproveite terceiros, mas sim numa reposição *inter partes* que apenas aproveita ao credor que tiver intentado a ação correspondente. É este o sentido do artigo 616º do Código Civil, quando pressupõe que, "*julgada procedente a impugnação, o credor tem direito à restituição dos bens na medida do seu interesse, podendo executá-los no património do obrigado à restituição e praticar os actos de conservação da garantia patrimonial autorizados por lei*" e que "*os efeitos da impugnação aproveitam apenas ao credor que a tenha requerido*".

E aqui chegamos a um ponto fundamental: *a sanção para o provimento da impugnação pauliana não determina a nulidade ou anulabilidade do negócio jurídico celebrado entre o devedor e o terceiro*[41]*, mas sim a sua ineficácia* relativamente ao credor lesado e que foi prejudicado com a intenção do devedor reduzir propositadamente o seu património com vista à frustração do crédito do credor[42/43]. Isto porque, a impugnação pauliana representa uma ação de

[40] Luis Menezes Leitão, *Direito das Obrigações. Vol.II – Transmissão e Extinção das Obrigações. Não cumprimento e garantias do crédito,* 6ª Edição, Coimbra, Almedina, 2008, p.301.

[41] Posição distinta assume o jurista francês Louis Josserand, para o qual a ação pauliana é uma ação de anulabilidade, mas uma nulidade com caraterísticas próprias e recortadas perante um regime atípico com contornos especiais. Louis Josserand, *Cours de droit civil positif français,* Paris, Recueil Sirey, 1930.

[42] "Na impugnação pauliana não se visa precipuamente obter a invalidação de atos e contratos celebrados por entidades responsáveis com o fim de se eximirem ao cumprimento de obrigações resultantes da aplicação da legislação sindical ou do trabalho, mas apenas a ineficácia relativa de atos que envolvam a diminuição da garantia patrimonial dos credores".

natureza pessoal que tem como base a ineficácia do ato impugnado (*v.g.* atos de transmissão dos bens do devedor), conferindo ao seu credor um direito à restituição dos bens compreendidos no mencionado ato impugnado à esfera do devedor, no sentido de satisfação do valor do seu crédito, conferindo-lhe o direito a praticar os atos de conservação da garantia patrimonial autorizados por lei na esfera jurídica do obrigado à restituição-adquirente e o direito de execução no património desse adquirente. Assim, como bem tem vindo a sublinhar a nossa jurisprudência, não é conferindo qualquer preferência legal sobre os credores comuns do adquirente obrigado à restituição no âmbito da satisfação do seu crédito, mas apenas um direito à execução do património de terceiro (apenas no que diz respeito aos bens visados e compreendidos no ato impugnado)[44].

2.2. Requisitos materiais e formais

Referimos acima que a impugnação pauliana pressupõe um conjunto requisitos materiais que são destinados ao elemento *finalístico* de reconstrução do património do devedor. Conforme preceitua o artigo 610º e seguintes do Código Civil, são requisitos materiais para a procedência da ação pauliana:

a) *Que exista um prejuízo efetivo pelo ato impugnado e que esse prejuízo afete significativamente a garantia patrimonial do credor;*
b) *Anterioridade do crédito ou caso o crédito seja posterior ter sido o ato dolosamente realizado com o fim de impedir a satisfação do crédito pelo mesmo ato;*
c) *Que o(s) ato(s) praticado(s) tenham sido praticados de má-fé com o desiderato de impedir a satisfação material do crédito do(s) credor(es)*[45]*;*

Acórdão do Tribunal da Relação do Porto de 22.02.2021, Processo nº 13528/19.0T8PRT-A.P1, Relator Desembargador Carlos Gil, disponível em *http://www.dgsi.pt*.

[43] Significa isto que, os bens não têm de sair da esfera jurídica patrimonial do terceiro obrigado à restituição, podendo o credor executá-los diretamente desde que o terceiro seja também executado como parte legítima da ação executiva correspondente (cfr. artigos 53º e 54º do Código de Processo Civil). Cfr. MÁRIO JÚLIO DE ALMEIDA COSTA, *Direito das Obrigações*, 12ª Edição, Coimbra, Almedina, 2011, p.858.

[44] Acórdão do Supremo Tribunal de Justiça de 11.07.2019, Processo nº 341/13.7TBVNO-I.E1.S1, Relator Conselheiro Ricardo Costa, disponível em *http://www.dgsi.pt*.

[45] Cfr., entre outros, o Acórdão do Supremo Tribunal de Justiça de 14.03.2019, Processo nº 84/07.0TVLSB.L1.S1, Relator Conselheiro Ilídio Sacarrão Martins, disponível em *http://www.dgsi.pt*.

Vejamos, sumariamente, cada um destes requisitos.

2.1.1. Prejuízo efetivo entre o ato impugnado e a garantia patrimonial do credor

O primeiro requisito – de natureza eminentemente material – que integra o conjunto de elementos próprios do instituto da impugnação pauliana é a existência de um ato jurídico pelo qual resulte um prejuízo efetivo para a garantia patrimonial do credor. Falamos aqui de atos jurídicos voluntários que reproduzam a suscetibilidade de implicar uma diminuição da garantia patrimonial do crédito, mas que tenham subjacente uma carga ética negativa. Contrariamente à sub-rogação, estamos perante um verdadeiro instituto jurídico que permite ao seu titular reagir contra atos praticados pelo devedor e que repercutam negativamente no seu património, quer em virtude da diminuição do seu ativo (*v.g.* liberalidades ou transmissões de bens) ou através do aumento do seu passivo (*v.g.* assunção fictícia de dívidas, prestação de garantias criadas propositadamente)[46]. Com efeito, não podemos deixar de referir que estão subtraídos do âmbito de aplicação da impugnação pauliana os atos puramente pessoais, ainda que os mesmos envolvam putativamente uma diminuição do valor aritmético do património do devedor[47]. Pretendeu o legislador ordinário adotar um

[46] Falamos essencialmente daqueles atos praticados pelo devedor com o objetivo de diminuir dolosamente a sua garantia patrimonial através da criação de esquemas lícitos, mas cuja área de praticabilidade viola claramente o espírito normativo vigente. Por exemplo, veja-se que a mera confissão de dívida e a sua posterior execução para diminuir a garantia patrimonial, como poderá ser o salário auferido mensalmente pelo executado, constitui um ato juridicamente inaceitável e sancionável perante o quadro normativo vigente. Todavia, e como bem sublinha Menezes Leitão, "*não estão, porém, sujeitos à impugnação os actos do devedor que tenham natureza pessoal, mesmo que deles resulte eventualmente uma diminuição do seu património. Assim, se o devedor decide casar em comunhão geral de bens. ou efectuar a perfilhação de uma criança. ou requerer o divórcio ou a separação judicial de bens. os credores não poderão reagir contra estes acros através da impugnação pauliana*". Luís Menezes Leitão, *Direito das Obrigações. Vol.II – Transmissão e Extinção das Obrigações. Não cumprimento e garantias do crédito,* 6ª Edição, Almedina, Coimbra, 2008, p.303; Pires De Lima, Antunes Varela, *Código Civil Anotado – Volume I,* 4ª Edição, Coimbra, Coimbra Editora, 2011, p.626.

[47] "Assim, por exemplo, um acto de perfilhação de que resulte uma obrigação alimentar não é susceptível de impugnação pauliana. E o mesmo se diga da adopção e até do casamento, na medida em que deste também resultam encargos de ordem patrimonial". Pires De Lima, Antunes Varela, *Código Civil Anotado – Volume I,* 4ª Edição, Coimbra, Coimbra Editora, 2011, pp.626-627.

instituto próprio dos atos puramente patrimoniais, compreendendo que o âmbito de aplicabilidade resultasse assim nos atos de disposição de bens, garantias ou aumento do passivo que economicamente sejam avaliáveis em dinheiro e que reproduzam num prejuízo para a satisfação do crédito.

Contudo, veja-se que muitos atos praticados podem ser classificados como ilícitos e consequentemente sancionáveis com a sua nulidade. É o caso, por exemplo, da simulação de negócios jurídicos que envolvam uma diminuição da garantia patrimonial, como será a simulação de uma dívida e a sua execução para penhora fictícia do salário. Em termos esquemáticos teríamos a situação de que A confessa-se devedor de B, criando as partes um título executivo para o efeito, o qual posteriormente será executado para que o salário auferido por A seja penhorado, respeitando as regras previstas no artigo 738º do Código Processo Civil, e tornando-o impenhorável, por via das regras de penhorabilidade previstas no mencionado preceito legal. Tudo isto, com o único objetivo de frustrar o cumprimento da obrigação que A teria de cumprir a C.

Assim:

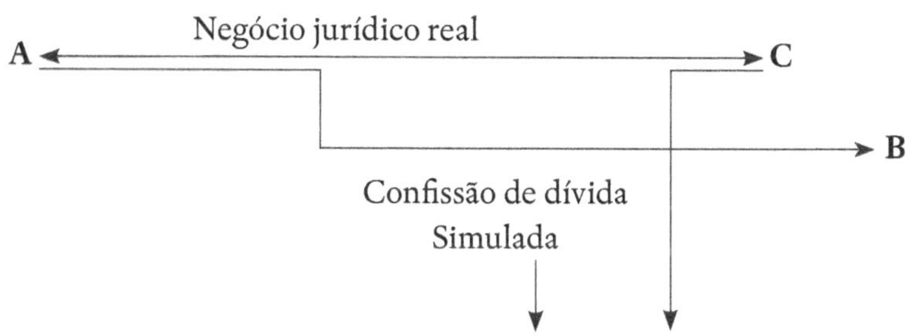

EXECUÇÃO
Penhora de 1/3 do Salário do devedor/executado. A penhora de B ao ser primeiramente registada terá prioridade face à de C, frustrando, assim, o cumprimento coercivo da obrigação deste.

Ora, a situação apresentada evidencia-nos que existe um negócio simulado com o único desiderato de prejudicar a cobrança do crédito de C. Neste sentido, não podemos deixar de admitir que o instituto jurídico da simulação, previsto no artigo 240º do Código Civil, é inteiramente aplicável ao caso *subjudice*, pois nos termos do mencionado dispositivo legal, "se, por acordo entre declarante e declaratário, e no intuito de enganar terceiros, houver divergência entre a declaração negocial e a vontade real do declarante, o negócio diz-se simulado", sendo a consequência do negócio simulado, a sua nulidade.

Contudo, não poderemos deixar de afirmar que o ónus probatório associado à simulação do negócio jurídico revela-se uma hercúlea tarefa para o credor lesado – sem, todavia, assumirmos este ónus da prova uma verdadeira *probatio diabiolica*. Por isso, não pode deixar o legislador ordinário de adotar uma dualidade criteriosa que permite ao credor lesado optar pelo regime da simulação ou pelo instituto jurídico da impugnação pauliana[48]. Esta tese é, entre nós, defendida por ALMEIDA COSTA[49], o qual afirma que *"em muitos casos pode ser difícil, ou mesmo impossível, a prova da causa da nulidade do acto realizado pelo devedor. Assim acontecerá, sobretudo, quanto à simulação. Ora, não faria sentido que se protegessem menos os credores em relação aos actos nulos do que em relação aos actos válidos. Pareceu, portanto, razoável admitir que, realizando o devedor um acto nulo, os credores possam escolher entre os dois meios conservatórios: a declaração de nulidade ou a impugnação pauliana, cada uma delas com os seus requisitos e efeitos próprios"*[50].

A admissibilidade de um instituto jurídico como a impugnação pauliana – capaz de admitir a concretização mais célere e proveitosa para os interesses do credor, desde que cumpridos os pressupostos materiais -, permite que o credor veja reconstruído o património do devedor, sempre e quando seja possível provar que o ato produziu um agrave ou impossibilidade de o

[48] MÁRIO JÚLIO DE ALMEIDA COSTA, *Direito das Obrigações*, 12ª Edição, Coimbra, Almedina, 2011, p.858.

[49] *Idem, Ibidem.*

[50] Contudo, a repartição do ónus da prova na impugnação pauliana é regulada especificamente pelo artigo 611º do Código Civil. Neste sentido, o regime probatório afasta-se, em alguma medida, do regime definido nos artigos 342º e seguintes do Código Civil. Em termos gerais, aquele que alega está incumbido legalmente de proceder à prova dos factos referidos, cabendo inteiramente ao credor a prova dos requisitos necessários à procedência do pedido, inclusive, neste caso, a prova da diminuição da garantia patrimonial nos termos da alínea b) do artigo 610º do Código Civil. Todavia, a dificuldade (ou mesmo impossibilidade) da prova, atribui ao devedor o encargo de provar que possui bens penhoráveis de valor igual ou superior ao das dívidas, fazendo impender sobre o autor o ónus da prova do montante destas. Neste sentido, Cfr. Acórdão do Supremo Tribunal de Justiça de 19.10.2004, Processo nº 04B049, Relator Conselheiro Lucas Coelho, disponível em *http://www.dgsi.pt.*

credor conseguir a inteira satisfação do seu crédito. Com efeito, não bastará a mera alegação (ou mesmo prova) de dissipação do património, pois constitui condição *sine quo non* que o ato praticado frustre a satisfação do crédito do credor, pelo que, sempre que existam bens que permitam tal satisfação, improcede qualquer impugnação pauliana por se afastar o preenchimento do mencionado requisito[51].

Veja-se que, contudo, não falamos de uma situação de insolvência pretendida pelo devedor[52], mas sim de um património deficitário que não permita a satisfação do crédito do credor, dada a impossibilidade ou dificuldade prática de executar os restantes bens do devedor. Deste modo, a exigência postulada por via da alínea b) do artigo 611º do Código Civil deve considerar a ordem prática de o(s) ato(s) praticado(s) ser(em) suscetível(eis) de tornar impossível o cumprimento da obrigação por via da execução do património do devedor.

2.1.2. Anterioridade do crédito ou caso o crédito seja posterior e tenha sido praticado dolosamente com o fim de impedir a satisfação do crédito pelo mesmo ato

O segundo pressuposto – este de natureza marcadamente temporal – resulta na obrigatoriedade de o ato impugnado ser posterior à constituição da obrigação, ou sendo anterior que o ato praticado seja realizado dolosamente com o desiderato de impedir a satisfação do crédito do credor. Exige-se, portanto, um critério temporal a montante do crédito do credor face ao ato impugnado, pois os credores apenas poderão contar com os bens que façam parte do acervo patrimonial do devedor à data da constituição da obrigação, ou aqueles que sejam posteriores a esta. Com efeito, não poderíamos deixar de assumir uma posição eminentemente crítica se se generalizasse a possibilidade de impugnação dos atos praticados pelo devedor sem qualquer marco temporal subjacente ao crédito do credor. Neste sentido, dispõe, assim, o nº 1 do artigo 613º do Código Civil, que, para que a impugnação proceda contra as transmissões posteriores, é necessário que, relativamente à primeira transmissão, se prove o mon-

[51] Pires De Lima, Antunes Varela, *Código Civil Anotado – Volume I*, 4ª Edição, Coimbra, Coimbra Editora, 2011, pp.626-627.

[52] Era esta a expressão que constava do Código de Seabra de 1867, e a qual foi abolida no novo Código Civil de 1966. Pires De Lima, Antunes Varela, *Código Civil Anotado – Volume I*, 4ª Edição, Coimbra, Coimbra Editora, 2011, p.626.

tante das dívidas e de que o devedor deixou de possuir bens penhoráveis de igual ou maior valor, bem de como seja demonstrada a má-fé, tanto do alienante como do posterior adquirente, no caso de a nova transmissão ser a título oneroso.

Todavia, consagra-se uma exceção a este requisito de temporalidade das dívidas constituídas e do ato impugnado, permitindo-se a impugnação de disposições do património do devedor, ainda que anteriores à constituição da obrigação. Tem sido unanime na doutrina e na jurisprudência que o requisito de má-fé juntamente à prática de atos dolosos dos quais resultem uma diminuição da garantia patrimonial do devedor, quando inserida numa fase pré-contratual em que existe uma vontade declarativa em celebrar determinado negócio jurídico, constitui fundamento para procedência de impugnação dos atos de disposição do devedor. Havendo intenção de enganar outrem, não poderia deixar o legislador de tutelar a confiança e as expetativas legalmente protegidas dos credores lesados com estes atos[53]. Neste sentido, refere João Cura Mariano[54], que deve-se dar-se a possibilidade de o credor impugnar os atos de disposição realizados já posteriormente à constituição das obrigações, mas também nas "*hipóteses em que o devedor não só pretendeu evitar que o bem retirado do seu património viesse a responder pela satisfação duma obrigação a contrair, [pois] também agiu de modo a que o credor continuasse erradamente convencido, ou se convencesse, que esse bem se mantinha no seu património, garantindo o cumprimento da obrigação a contrair*". Também, o Tribunal da Relação de Évora, no seu aresto de 10.05.2018, veio adotar esta posição, afirmando que "*[o]ra, por via da referida al. a) do art. 610º do CC, a impugnação pauliana pode ter por objeto atos realizados antes do nascimento do crédito desde que aos mesmos presidisse uma intenção preordenada de impedir a futura satisfação daquele, sendo realizados dolosamente. Para além da intencionalidade de impedir a satisfação do crédito futuro, exige-se a conduta dolosa, ou seja, o emprego de sugestão ou de artifício com intenção ou consciência de induzir ou manter outrem em erro – cfr. art. 253º, nº 1, do CC.*".

[53] Como referem os saudosos professores Pires De Lima e Antunes Varela, "o dolo supõe, na verdade, a intenção de enganar (cfr. art. 253º). Quer-se, por exemplo, fazer crer ao credor que os bens ainda existem no património do devedor à data em que foi constituído o crédito". Pires De Lima, Antunes Varela, *Código Civil Anotado – Volume II*, 4ª Edição, Coimbra, Coimbra Editora, 2011, pp.257 e seguintes.

[54] João Cura Mariano, *Impugnação Pauliana*, 3ª Edição, Coimbra, Almedina, 2020, p.154.

Com efeito, desenvolve-se um critério que interliga a temporalidade dos atos praticados, mas sem desconsiderar o aspeto subjetivo ligado à intencionalidade dos atos praticados pelo devedor. O requisito de temporalidade associa-se, assim, à pretensão subjetiva do devedor na disposição dos bens, caraterizando-se os reais interesses deste e a verdade material afetiva aos mesmos, sob pena de serem consideráveis para efeitos de fundamento de impugnação pauliana por parte do credor que se sinta lesado.

2.1.3. A má-fé praticada na onerosidade do(s) ato(s) de disposição ou a sua gratuitidade

O desenvolvimento de um instituto jurídico como o da impugnação pauliana, cujo desiderato configura-se na reconstrução fictícia do património do devedor, apenas poderia ser fundamentado através da divergência comportamental entre os atos praticados e os desideratos finalísticos realmente pretendidos.

O requisito da má-fé, como referem os saudosos mestres PIRES DE LIMA e ANTUNES VARELA[55], constitui a intenção de enganar o credor, ou seja, os atos praticados devem estar em desconformidade com a vontade real do devedor. Configura-se, assim, como uma expressão cinzenta derivada da permissão normativa dada pelo legislador ordinário na livre gestão patrimonial dos bens e direitos que integram o seu património. Veja-se que nada impede o devedor de praticar atos de disposição dos bens, pois tal configuraria, inclusive, um atentado ao comércio jurídico e ao direito constitucionalmente consagrado à propriedade privada. Contudo, não se poderá deixar de referir que a utilização abusiva e a prática desconforme à *ratio legis* que integra a feitura das normas jurídicas em uso, configurando-se, assim, como um abuso na utilização dos meios legais ao dispor, e os quais não poderiam deixar de ficar impunes.

Contudo, cabe-nos referir que o requisito de má-fé (*consilium fraudis*) nem sempre se revela como obrigatório, isto é, não constitui requisito *sine quo non* sobre o qual, a sua não verificação, determinaria a inviabilidade da impugnação pauliana. Isto porque, sendo o ato de natureza gratuita, estabelece o nº 1 do artigo 612º do Código Civil, que não se exige um específico correspondente de má-fé com o ato praticado pelo alienante e adqui-

[55] PIRES DE LIMA, ANTUNES VARELA, *Código Civil Anotado – Volume II*, 4ª Edição, Coimbra, Coimbra Editora, 2011, pp.257 e seguintes.

rente. Entende-se que os interesses que estão em causa num ato gratuito não podem prevalecer sobre os interesses do credor e, também, da própria unidade sistémica da ordem jurídica[56]. Deste modo, a ação procede, ainda que o ato praticado tenha sido considerado como de boa-fé.

Pelo contrário, se o ato de alienação estiver envolto num caráter de onerosidade que tenha, portanto, contrapartida associada para o credor, a impugnação pauliana apenas poderá proceder, se o devedor e o terceiro adquirente tiverem agido de má-fé. Estabelece o citado artigo 612º, nº 1 e nº 2 do Código Civil, que "*o ato oneroso só está sujeito à impugnação pauliana se o devedor e o terceiro tiverem agido de má fé*", considerando-se esta (a má-fé) como "*a consciência do prejuízo que o ato causa ao credor*". Entende-se a *ratio legis* da norma, pois nestes casos existe uma contrapartida pela qual existe uma sub-rogação de bens na esfera patrimonial do devedor, isto é, em situações normais ocorrerá, por exemplo, a transmissão do bem, com o subjacente pagamento do preço respetivo. Não existirá, assim, um prejuízo consumado que determine a existência de má-fé, e, consequentemente, a impossibilidade de satisfação do crédito.

3. A sub-rogação do credor ao devedor

Estabelece o artigo 606º, nº 1 do Código Civil, que "*sempre que o devedor o não faça, tem o credor a faculdade de exercer, contra terceiro, os direitos de conteúdo patrimonial que competem àquele, exceto se, por sua própria natureza ou disposição da lei, só puderem ser exercidos pelo respetivo titular*".

O instituto jurídico da sub-rogação do credor ao devedor configura-se como uma as formas de conservação da garantia patrimonial do devedor, designando-se na doutrina e jurisprudência por "ação sub-rogatória"[57].

[56] Luís Menezes Leitão, *Direito das Obrigações. Vol.II – Transmissão e Extinção das Obrigações. Não cumprimento e garantias do crédito*, 6ª Edição, Coimbra, Almedina, 2008, p.306.

[57] Rejeitando o termo "ação", Margarida Lima Rego, "As partes processuais numa acção em sub-rogação", *in Revista Themis, Ano VII, nº 13*, 2006, p.64. Para a mencionada autora, "o instituto que permite actuação do credor em substituição do seu devedor, comummente designado acção sub-rogatória, é uma das medidas preventivas que o nosso ordenamento jurídico disponibiliza ao credor para tutela do seu direito de crédito" (...) a chamada acção sub-rogatória é na verdade uma competência jurídica de direito substantivo passível de ser judicial ou extrajudicialmente aproveitada. Preferimos, por isso, falar de uma actuação sub--rogatória do credor,ou da sua actuação em sub-rogação, dado que o termo *acção* arrasta inelutavelmente uma forte conotação adjetiva". Margarida Lima Rego, "As partes processuais numa acção em sub-rogação", *in Revista Themis, Ano VII, nº 13*, 2006, p.64.

Todavia, não se projeta como um meio direto de conservação patrimonial, antes funcionando como um instituto de ressarcimento do direito violado através de mecanismos sub-rogatórios de substituição do devedor pelo credor, aproveitando esta sub-rogação a todos os credores do devedor (cfr. artigo 609º do Código Civil). Por isso, tem sido apelidada pela doutrina como *ação sub-rogatória indireta*[58], *contrariamente aos meios diretos de sub-rogação em que o credor pratica os atos próprios do devedor, mas em proveito próprio para satisfação dos seus créditos.* Já a ação *sub-rogatória direta,* pelo contrário, não encontra tipificação legal na nossa lei civil, funcionando apenas naquelas situações em que o credor age, nos interesses do devedor e dele próprio (como no mandato sem representação)[59], a fim de ser ressarcido do seu crédito, sem beneficiar os demais credores das ações praticadas pelo credor.

Neste sentido, existe uma verdeira *substituição do devedor* nas suas ações destinadas à cobrança dos seus próprios créditos. Daí que, os produtos dos créditos obtidos entrem na esfera jurídica do devedor, caso o remanescente do produto obtido seja suficiente para satisfazer os créditos dos credores. Ou seja, a esfera jurídico-patrimonial do devedor sub-rogado é beneficiada diretamente pelos atos praticados pelo credor em proveito de ambos.

Contudo, o instituto jurídico da sub-rogação encontra um conjunto de pressupostos que constituem condição *sine quo non* para a sua perfeita

[58] Como refere MENEZES LEITÃO, *"a acção sub-rogatória tem sido classificada como acção sub--rogatória directa ou indirecta. A accão referida nos arts. 606º e ss. é a acção sub-rogatória indirecta. Consiste esta num meio de conservação da garantia geral, representado pela possibilidade que os credores têm de exercerem contra terceiro os direitos de conteúdo patrimonial que competem ao devedor, mas que não atribui qualquer preferência no pagamento aos credores que a ela recorram, uma vez que é exercida em proveito de todos os credores".* LUÍS MENEZES LEITÃO, *Direito das Obrigações. Vol.II – Transmissão e Extinção das Obrigações. Não cumprimento e garantias do crédito,* 6ª Edição, Coimbra, Almedina, 2008, p.298.

[59] De forma semelhante, a lei civil consagra uma outra forma de sub-rogação do devedor pelo credor, designadamente no caso previsto no artigo 2067º do Código Civil. Neste caso, o herdeiro que haja repudiado a herança pode ver os seus credores substituir-se a este para cobrança dos créditos que o mesmo tivesse a receber. Contudo, não podemos deixar de sublinhar que assume vicissitudes próprias e distintas, pois neste caso carece que exista uma declaração de vontade do devedor-herdeiro, designadamente o ato de repúdio da herança. Para além disto, em caso de o crédito do credor ser satisfeito e haver ainda produto a restituir ao repudiante, este não será entregue ao mesmo, mas sim aos demais herdeiros, beneficiando a massa hereditária do remanescente do crédito obtido. É que, na sub-rogação do herdeiro, os créditos havidos em virtude da herança não entram na esfera patrimonial do mesmo, contrariamente ao que ocorre na sub-rogação prevista nos artigos 606º e seguintes do Código Civil.

validade. Assim, estabelece o artigo 606º do Código Civil que são requisitos da ação de sub-rogação:

i) *Omissão ou negligência pelo devedor de exercer os seus direitos perante os seus devedores*[60];
ii) *As obrigações dessas relações jurídicas devem ter caráter patrimonial, não podendo os direitos, por estatuição legal ou convencional, ser exercidos em exclusivo pelo devedor;*
iii) *Deve ser tida como um instituto de natureza subsidiário, sendo essencial a sub-rogação para a concretização do direito do credor*[61].

Com efeito, para que a conduta de sub-rogação levada a cabo pelo credor seja juridicamente válida e sistematicamente aceite pelo ordenamento, pressupõe-se o preenchimento material dos mencionados requisitos, pois apenas será legítimo o recurso ao instituto da sub-rogação se houver condutas negligentes direcionadas à possível frustração dos interesses creditícios do credor. Caso este veja o património do devedor minorado e, consequentemente, a sua expetativa de cumprimento da obrigação frustrada por inércia do devedor, será admissível o recurso a este instituto substantivo.

Apesar disto, a natureza subsidiária do instituto conduz a um aprimoramento dualístico primário que se requer intangível, pelo que a intromissão do credor na esfera patrimonial do devedor apenas será legítima se houver frustração das expetativas indiretas do credor. Assim, o devedor poderá praticar os atos necessários ao cumprimento da prestação pelo seu devedor, cumprindo assim estas expetativas e impedindo a sub-rogação do credor na prática dos atos e condutas próprias do devedor. Mas, saliente-se que as prestações devem assumir caráter patrimonial, pelo que serão de excluir prestações que não assumam esta natureza ou que sejam vedadas legalmente ou convencionalmente a terceiros.

[60] Margarida Lima Rego, "As partes processuais numa acção em sub-rogação", *in Revista Themis, Ano VII, nº 13,* 2006, p.65.

[61] "A lei admite que o credor se substitua (sub-rogue) ao devedor no exercício de direitos ou poderes que a este último competem, desde que se verifiquem os 3 seguintes pressupostos: que faça valer contra o terceiro um direito de conteúdo patrimonial; que haja inércia do devedor; e que tal substituição se apresente como essencial à satisfação ou garantia do direito do credor". Acórdão do Tribunal da Relação de Coimbra de 25.03.2014, Processo nº 1519/13.9TBVIS.C1, Relator Desembargador Barateiro Martins, disponível em *http://www.dgsi.pt.*

4. A declaração de nulidade

A lei confere aos credores a legitimidade necessária e suficiente para arguir a nulidade dos atos praticados pelo devedor, sejam anteriores ou posteriores à constituição da dúvida, desde que o ato praticado tenha uma conotação negativa e um nexo de causalidade que prejudique os interesses e direitos legalmente protegidos do credor. Para tanto, exige-se que o credor tenha interesse em arguir a nulidade e que se possa aproveitar dela em proveito próprio, não sendo, contudo, necessário que o ato produza ou agrave a situação patrimonial do devedor (cfr. artigo 605º, nº 1 do Código Civil). Falamos, por exemplo, de nulidades como a simulação do negócio jurídico (cfr. Artigo 240º, nº 2 do Código Civil), que o mesmo seja contrário à ordem pública (cfr. Artigo 280º do Código Civil), ou os negócios jurídicos destinados a modificar os prazos legais da prescrição ou a facilitar ou dificultar por outro modo as condições em que a prescrição opera os seus efeitos (cfr. Artigo 300º do Código Civil).

A compreensão da nulidade enquanto instituto jurídico, não pode deixar de levar-nos a entendê-la, também, como sanção jurídica destinada a produzir efeitos jurídicos. Tal entendimento corresponde à ideia da nulidade constituir uma das consequências mais gravosas dos vícios do negócio jurídico, expressando uma carga ética valorativa negativa e que traz como principal consequência que todos os atos praticados posteriormente ao vício sejam desconsiderados e, portanto, não reaproveitáveis[62]. Contrariamente, a impugnação pauliana tem subjacente uma lógica de "reconstrução jurídica", pois os bens transmitidos não retornam à esfera patrimonial do devedor. Já na declaração de nulidade dos atos que tenham tido como

[62] No direito francês, não existe nenhum conceito legal relacionado com a nulidade do ato jurídico. A Nulidade foi considerada como um meio de extinção de obrigações das obrigações, com o Código Napoleónico a legislar sobre a "acção de nulidade ou rescisão de convenções" (Secção VII do Capítulo VII do Capítulo VII das convenções" (Secção VII do Capítulo V, Título III do Livro Três, Secção VII do Capítulo V, Título III do III, Livro Três, Artigos 1304 a 1314). Já o *BGB* alemão refere-se a transações nulas e transações anuláveis, mas sem formar um conjunto sistematizado de regras. As transações legais nulas são as transações que não produzem os efeitos pretendidos pelas partes ou os efeitos desejados pelas partes a partir do próprio momento em que foram concluídos, enquanto as transações anuláveis podem ser contestadas e são eficazes, enquanto não foram impugnadas por uma das partes. Por sua vez, o Código italiano de 1942, apenas considera a nulidade e a anulação, e é de notar que a legislação acima referida só contempla estes dois casos aos contratos. Cfr. M. Beladiez Rojo, "La nulidad y la anulabilidad. Su alcance y significación", *in Revista de Administración Pública, núm.133, enero-abril*, 1994, pp.155-187.

objeto a transmissão de bens ou direitos, existe um efetivo retorno dos bens à esfera patrimonial do devedor. Isto porque, perante uma escala de valoração ética negativa, a nulidade corresponde a uma carga valorativa elevada onde a negatividade do ato se encontra associada na sua plenitude. Por isso, falamos que a nulidade corresponde não só ao interesse do credor em arguir e beneficiar da mesma, mas, também, aos interesses da sociedade e do superior interesse da coletividade, pelo que se exige que todos os atos sejam "apagados" da ordem jurídica e, portanto, como se nunca tivessem ocorrido.

Dito isto, a nulidade corresponde a um *instituto indireto de conservação patrimonial da garantia das obrigações*, pois apesar de não incidir diretamente sobre a forma de administração sobre os bens pertencentes ao devedor, concretiza a função de retorno dos bens alienados e transmitidos à esfera jurídica patrimonial do mesmo, beneficiando os credores por este "retorno" através da execução dos bens objeto da declaração de nulidade. A sua materialidade finalística corresponde, assim, ao anseio por conservar a garantia patrimonial, evitando atos contrários à ordem social e a que correspondam um grau ético de negatividade elevada que determine a prejudicialidade de credores e da própria sociedade enquanto aglomerado de interesses coletivos subjugados a uma matricialidade natural.

5. A apreensão judicial de bens: do arresto à penhora

O último instituto destinado à "conservação" do património do devedor consiste nos meios de apreensão judicial dos bens do devedor, os quais permitem "congelar" a capacidade de administração e alienação sobre os mesmos, a fim de garantir o cumprimento de determinadas obrigações. Falamos, essencialmente, no arresto e na penhora.

Em termos gerais, diremos que o arresto consiste num instrumento de natureza adjetiva, distintamente aos demais institutos analisados anteriormente. Esta natureza processual ou adjetiva deriva da sua integração num processo de natureza jurisdicional, solenemente organizado e direcionado a uma decisão judicial com vista à apreensão judicial de bens, a qual é capaz de antecipar os efeitos derivados da sentença de condenação a proferir, impedindo o réu de dissipar o seu património a fim de esvaziar o seu conteúdo para uma eventual fase executiva[63].

[63] "O arresto constitui um mecanismo jurídico de tutela de direitos de crédito destinado a preservar a conservar a garantia geral das obrigações; esta finalidade específica, comum

Por sua vez, a penhora é um ato jurídico – praticado em sede jurisdicional – de afetação patrimonial, através da qual se sujeitam os bens do devedor aos fins da execução, ou seja, à satisfação do direito do credor[64/65]. Analogamente ao arresto, a penhora figura como um instrumento de natureza adjetiva, já que se insere sistematicamente no âmbito do processo executivo, enquanto processo destinado à execução do património do devedor para, através deste, obter o cumprimento coercivo da obrigação. Assume-se, assim, como um ato jurisdicional de natureza *finalística* preparatória destinada à preparação dos atos subsequentes da ação executiva, designadamente a venda executiva ou a entrega material dos bens penhorados ao exequente.

Contudo, e em ambos os casos, existe uma apreensão jurídica e material de bens pertencentes ao devedor, a qual tem como principal finalidade a sua subjugação aos interesses do credor. Como refere alguma jurisprudência, pode o arresto ser uma penhora antecipada, ficando os bens arrestados à disposição do tribunal para mais tarde – após a conversão em penhora, nos termos do disposto no artigo 822º, nº 2 do Código Civil, e artigo 762º do Código de Processo Civil – poderem ser vendidos[66]. Mas, não se poderá afirmar que são institutos processuais indiferenciados e que comportem a utilização indiscricionária de cada um deles. Ou seja, o legislador ordinário adotou um critério funcional e processual próprio, pois a penhora configura-se como um ato jurídico e de natureza jurisdicional exclusivo

a outros meios legais, é prosseguida através de uma medida jurídica preventiva que, pelos seus efeitos, assegura ao credor a possibilidade de vir a obter, no futuro, a satisfação coativa do crédito à custa da execução dos bens do devedor. O legislador concebeu esta medida sob a espécie de providência cautelar, como decisão judicial que visa acautelar o efeito útil de uma ação principal, evitando que a demora na obtenção da tutela judicial definitiva se pudesse concretizar numa lesão grave e dificilmente reparável do direito do requerente". Ana Dos Santos Sequeira, *Do arresto como meio de conservação da garantia patrimonial,* Tese de Doutoramento da Faculdade de Direito da Universidade de Coimbra, Coimbra, 2020; José Lebre De Freitas, Armindo Ribeiro Mendes, *Código de Processo Civil, Anotado,* Vol.3, Coimbra, Coimbra Editora, 2003, p.505; Pires De Lima, Antunes Varela, *Código Civil, Anotado,* Vol. III, 4ª Edição, Coimbra, Coimbra Editora, 1987, p.640; Fernando Amâncio Ferreira, *Curso Processo Executivo,* 5ª Edição, Coimbra, Almedina, 2010, p.268.

64 Rui Pinto, *Manual da Execução e Despejo*, Coimbra, Coimbra Editora, 2013, pp 459 e seguintes.

65 Acórdão do Tribunal da Relação de Lisboa de 15.11.2011, Processo nº 163-E/1997.L1-7, Relator Desembargador Pimentel Marcos, disponível em *http://www.dgsi.pt.*

66 *Idem.*

do processo executivo. A sua função é primariamente a de apreensão de bens já no âmbito do processo executivo, e corresponde a um ato funcionalmente afeto a um desiderato superior, designadamente o ressarcimento do direito do credor. Assim, a penhora não visa, diretamente, prevenir ou antecipar condutas consideradas perigosas para a concretização material do direito violado.

Pelo contrário, no arresto pretende-se acautelar um prejuízo que se receia, pois existe um justificado receio de perda da garantia patrimonial do crédito do arrestante (cfr. artigo 619º e seguintes do Código Civil, e artigo 392º, nº 1 do Código de Processo Civil). Funcionalmente, a sua consagração processual encontra-se instituída enquanto providência cautelar tipificada e nominada no Código de Processo Civil, estabelecendo o artigo 392º, nº 2, que *"o arresto consiste numa apreensão judicial de bens, à qual são aplicáveis as disposições relativas à penhora"*, desde que não contrarie as normas legais que regulam o instituto processual do arresto.

Por isso, afirmamos que o arresto configura-se, depois da declaração de nulidade, da sub-rogação do credor ao devedor, da impugnação pauliana, como o último meio destinado à conservação da garantia geral que é o património do credor, procurando a sua conservação enquanto acervo patrimonial complexo e externamente afeto à concretização dos interesses creditícios do(s) credor(es)[67]. Não se procura reconstruir o património do devedor, nem substituir-se ao mesmo para concretizar a obrigação a que está adstrito (seja através da execução especifica ou por sub-rogação), mas sim antecipar uma conduta volitiva, de conotação negativa, que tenha como consequência um esvaziamento do património e cujo desiderato seja o de impedir e frustrar eventuais penhoras para realização do direito material dos credores.

Assim, a responsabilidade do devedor pelo não cumprimento das suas dívidas cinge-se à execução do seu património. Mas se este não for sufi-

[67] "Por nós, aderimos à posição sufragada pela maioria da jurisprudência e entendemos que o arresto não convertido em penhora não tem a natureza de um direito real de garantia. Com efeito, o arresto é apenas, a par com a declaração de nulidade, a sub-rogação do credor ao devedor e a impugnação pauliana, um meio de conservação da garantia patrimonial, não integrando causa legítima de preferência em caso de concurso de credores (artºs 604º e seguintes do Cód. Civil) e tendo como principal efeito a ineficácia em relação ao arrestante dos actos de disposição dos bens arrestados (artº 622º do Cód. Civil)". Acórdão do Tribunal da Relação de Coimbra de 20.09.2011, Processo nº 260/10.9TBNLS.C1, Relator Conselheiro Artur Dias, disponível em *http://www.dgsi.pt.*

cientemente para concretização dos interesses dos credores, por inobservância de medidas que permitam acautelar atos dolosos de dissipação do mesmo, o Direito não fará a sua função de acautelar os interesses dos sujeitos e levará à injustiça mais profunda. O arresto é, assim, o instrumento processual destinado a acautelar a "pretendida justiça". Mediante a apreensão oportuna e antecipada dos bens suscetíveis de serem penhorados posteriormente para responsabilização pelas dívidas, o credor consegue, quando disponha de razões objetivas, ponderadas e justificadas de um justo receio de ocultação, perda ou solvabilidade do devedor, garantir o cumprimento dessas obrigações.

É certo que a penhora consegue ter o mesmo efeito útil de apreensão[68], mas não poderemos deixar de referir que, por vezes, a ação executiva encontra-se distante, e a penhora, também, poderá não ser realizada em tempo útil que permita acautelar os direitos do credor. Por isso, o arresto, assumindo caráter urgente e sendo uma medida processual colateral e funcionalmente afeta a outros processos, torna-se a providência mais adequada a conferir ao credor uma tutela jurisdicional compatível com o seu direito material.

Isto leva-nos a assumir uma importante premissa: *o arresto é uma providência colateral e acessória. Funcionalmente, de per si, não serve os interesses materiais do credor, pois apenas permite a retenção do património na esfera jurídica do devedor[69]. O arresto assume importância quando é interligada com a ação executiva, e mais concretamente com o ato de penhora, sendo designada, por um sector da jurisprudência, como uma "pré-penhora"[70]. É através da ação executiva e da conversão do arresto em penhora, que ela ganha importância prática e exterioriza a sua concretização na esfera jurídica do credor. São estas razões que levam o legislador a considerar o arresto e a penhora como institutos processuais "umbilicalmente ligados entre si". Como já referimos, o próprio legislador, no artigo 392º, nº 2 do*

[68] Negando o termo "apreensão" na penhora, Cfr. Rui Pinto, *Manual da Execução e Despejo*, Coimbra, Coimbra Editora, 2013, p.460.

[69] "O arresto não convertido em penhora é uma mera providência cautelar, não constituindo garantia real para efeito de reclamação de crédito em processo executivo e não concedendo qualquer preferência para efeitos de graduação ou pagamento do crédito". Acórdão do Tribunal da Relação de Coimbra de 10.03.2009, Processo nº 162/05.0TBVZL-B.C1, Relator Desembargador Artur Dias, disponível em *http://www.dgsi.pt*.

[70] Acórdão do Tribunal da Relação de Coimbra de 20.09.2011, Processo nº 260/10.9TBNLS.C1, Relator Conselheiro Artur Dias, disponível em *http://www.dgsi.pt*.

Código de Processo Civil, ordena que a regulação do arresto seja feita em conformidade com as normas e disposições relativas à penhora. Por outro lado, a penhora de bens previamente arrestados, ganham a ordem de preferência do arresto (cfr. artigo 822º, nº 2 do Código Civil, e artigo 762º do Código de Processo Civil[71]*) e o próprio registo da penhora, no caso de bens imóveis, é feita por averbamento especial ligada ao registo do arresto (cfr. artigo 102º, nº 2 alínea b) do Código do Registo Predial).*

[71] "Convertido o arresto em penhora, os efeitos desta retroagem à data do primeiro, tudo se passando como se a penhora tivesse ocorrido na data do arresto (a conversão significa que o que até aí era arresto passa a ser penhora)". Acórdão do Tribunal da Relação de Coimbra de 10.03.2009, Processo nº 162/05.0TBVZL-B.C1, Relator Desembargador Artur Dias, disponível em *http://www.dgsi.pt.*

III
A "Privatização" da Ação Executiva: Uma Nova Fonte de Limitação de Responsabilização?

1. Introdução

Compreendidas as medidas legais de conservação patrimonial e de responsabilização pelo incumprimento das obrigações a que o devedor está adstrito, incumbe-nos, neste último momento, fazer uma breve menção sobre o "movimento privatizador" que tem marcado, nas últimas duas décadas, o processo de execução civil. Outrora conhecido como um processo de natureza rigidamente jurisdicional, os últimos 20 anos tem marcado uma tendencial deslocação do processo executivo para uma alçada extrajudicial.

Esta tendencial privatização leva-nos a aflorar que poderá ser um recurso que os credores têm ao seu dispor para concretizar o ressarcimento dos seus créditos. Mas, contudo, não se poderá assumir que a natureza do processo executivo moderno seja conversível aos interesses puramente egoístas dos credores, mutando, assim, para um procedimento de natureza extrajudicial. Os interesses intrínsecos próprios do processo executivo e a sua projeção enquanto produto do direito à tutela jurisdicional efetiva não permitem a sua conversão num procedimento, resultando, deste modo, num processo subjugado à natureza judicial própria dos interesses da coletividade e da própria sociedade.

Mas, vejamos como poderá resultar a privatização do processo executivo numa forma (indireta) de execução do património do devedor, a fim de dar lugar ao cumprimento coercivo da obrigação devida.

2. Conceito de privatização da ação executiva e a sua motivação

A primeira abordagem a fazer ao conceito de privatização assenta pela sua consideração enquanto fenómeno dinâmico, geral e como uma realidade movida de uma esfera dominial para outra esfera dominial, o qual constituirá o ponto de partida e de chegada, necessariamente de um domínio público para um domínio privado. Por se assentar enquanto fenómeno geral e, portanto, não exclusivamente jurídico, deve-se compreender que os conceitos de domínio público e privado devem ser considerados num sentido *lato*, na exata medida em que a realidade a privatizar não será necessariamente jurídica, ou pelo menos exclusivamente.

A polissemia e a heterogeneidade que justifica a adoção de um conceito de privatização que passa por uma delimitação do seu objeto em termos amplos, depende daquelas esferas que se pretende privatizar, nomeadamente quando a privatização assenta em esferas de natureza social, económica, política ou jurídica. Por este motivo, deve ter-se, contudo, assente a ideia de que o fenómeno de privatização numa conceção geral é caraterizada pela transferência de uma certa realidade, de um domínio tido por público para um domínio tido como privado, sendo suscetíveis de recondução naquele conceito de operações que comportem tais caraterísticas.

Quanto à aceção que nos interessa aqui apresentar, não sendo possível a abordagem das demais por questões de economia, deve-se consignar que enquanto fenómeno jurídico, a privatização apresenta-se como um conceito suscetível de recondução num complexo heterogéneo de significados, pelo que a sua polissemia nos obriga, face a heterogeneidade subjacente, que a sua delimitação seja realizada em sentido amplo.

A privatização, de uma forma mais ou menos intuitiva, revela-se como um fenómeno de transmissão de poderes públicos para os privados. Ou seja, o fenómeno privatizador pode consistir na transferência para o domínio privado de tarefas públicas, cuja prossecução constituía, originariamente, encargo do Estado. A designação de *privatização de tarefas* ou privatização da prossecução do interesse público, assume um papel determinação num fenómeno de reformulação do próprio modelo de Estado vigente. Dir-se-á que a privatização de tarefas representa uma forma de privatização que consiste em colocar tarefas públicas ao encargo de privados, contribuindo de forma direta para o fenómeno de privatização da prossecução do interesse público. Como alguma doutrina advoga estaremos perante uma fuga para o Direito Privado, pois verifica-se, em tais, casos, que a privatização operada respeita à própria natureza do direito aplicável pelas entidades públicas e no qual se promove uma substituição das formas jurídicas públicas de atuação e organização por fórmulas jurídicas privadas, de modo a convergir com o exercício de funções públicas em subordinação a um misto de normas de natureza diversificada[72].

Teleologicamente, e em termos não patológicos, o aproveitamento do potencial privado para exercício e aumento das funções públicas e da necessidade de que ao desenvolvimento das atividades públicas, é incrementado por razoes de eficácia e de eficiência que estes podem conseguir na atuação pública. Em termos patológicos, esta forma de privatização tende a ser associada a uma tentativa de libertação de vinculações derivadas do princípio da legalidade a que as submete o ordenamento jurídico, procurando exonerar-se dos limites e limitações que são impostas à sua atuação, conseguindo uma maior liberdade de decisão. Contudo, não poderá aqui resultar uma atuação puramente privatizada no sentido patológico apontado, pois a atuação sob sujeição das normas de direito privado, acaba por não se adotar na sua plenitude, acabando por se levantar verdadeiras limitações e vinculações jurídico-públicas relativamente à atividade privada no seio desta privatização.

Não obstante, perspetivando-se a realidade privatizada como uma clara identificação de um contexto de transferência privatizadora, já que é operada uma verdadeira deslocação no sentido do privado, não deixa de resultar subtraído de normas constituídas pelo direito público, sendo que a organização e atuação acabam por resultar temperadas pela emergência da necessidade de manter a atuação subordinada aos primados do direito público e à instituição da função jurisdicional que cabe exclusivamente ao Estado, apesar das chamadas de crise que têm vindo a ser invocadas[73].

Partindo do pressuposto assumido de que a qualificação de certo fenómeno como uma privatização passará pela suscetibilidade do mesmo ser configurado como uma transferência de poderes ou de atuação para um domínio privado, fica aberto o caminho para uma panóplia de situações muito diversificadas. Podemos falar, assim, de supressão de poder regu-

[72] MARIA JOÃO ESTORNINHO, *A Fuga Para o Direito Privado, Contributo para o estudo da actividade de direito privado da Administração Pública*, Coimbra, Almedina, 1996.

[73] FABIANA MARION SPENGLER, "A Crise Do Estado E A Crise Da Jurisdição: (In)Eficiência Face À Conflituosidade Social", *in Revista Brasileira de Direito*, IMED, Vol.7, Jan-Jun, 2011.

lador que os privados têm na sua atuação, face ao que teriam os agentes públicos; podemos referir que o setor privado cria um conjunto de normas que regulam as respetivas atividades; ou ainda uma transferência do objeto em que a atuação cabe aos privados, mas regulados pelas normas de direito público e supervisionados por órgãos públicos que mantêm a sua função de supervisão e de guardiões da legalidade.

Em todas elas acabamos por reconduzir ao axioma de que a substituição lógica é feita pela substituição do Estado pela sociedade, na qual a primeira recua na funcionalidade do interesse público, acompanhado de um avanço pela segunda naquele domínio. Este entendimento, apesar de correto, deve ser concebido com cuidado e com feições que interessam indicar, pois não falamos de uma despreocupação do Estado ou abandono deste no cumprimento do interesse público subjacente aos ideais de justiça, mas sim do aproveitamento do potencial privado para cumprimento deste desiderato, no qual estes acabam por ser instituídos na obrigação de assumir a transferência da responsabilidade e o ónus de cumprimento deste interesse. Caberá, assim, reconduzir à ideia que o interesse público acaba por ser potenciado por via da chamada do domínio privado ao cumprimento de atuações que até bem pouco cabiam à esfera pública, pelo que acabam por se outorgar nesta responsabilidade em medidas repartidas e partilhadas.

A potencialidade do domínio privado acaba assim por revelar a necessidade de transferir certos poderes púbicos para a alçada destes, pois enquanto estes conseguem o aproveitamento de todo o potencial que tem ao seu dispor, quer a nível organizacional, económico, funcional e humano, o Estado acaba por se mostrar limitado em certos aspetos que a jusante restringem a sua atuação e consequentemente a concretização do interesse público e a lesão de direitos e interesses legalmente protegidos dos sujeitos. Por este motivo, quando opera uma privatização de determinado fenómeno acabamos reformular a própria ideia e modelo de Estado vigente, encontrando-se assim associado esta privatização do interesse público. A convocação da concretização do interesse público acaba por poder ser requerida à luz do primado do princípio da eficiência na prossecução da justiça. Basta, para o efeito, que se verifique uma atuação mais eficiente e se assuma como mais rentável funcional e financeiramente do que uma justiça não privatizada.

Apesar de oriundos e desenvolvidos no seio da economia, os conceitos de eficiência e de eficácia acabam por se mostrar relevantes no contexto jurídico enquanto componentes de um princípio enformador da atuação do Estado na tarefa jurisdicional a que os tribunais estão incumbidos. Assumindo o conceito de eficiência um conceito polissémico, deve-se referir que num sentido amplo abrange o aproveitamento do potencial privado para, com aproveitamento dos meios e recurso que tem ao seu dispor e segundo critérios de razoabilidade e aproveitamento, conseguir a obtenção de resultados ótimos com o menor custo possível associado.

Importa assim considerar o primado de eficiência que acaba por estar compreendido do teor do nº 4 do artigo 20º da Constituição da República Portuguesa, quando expressamente consagra que "todos têm direito a que uma causa em que intervenham seja objeto de decisão *em prazo razoável* e mediante processo equitativo" (sublinhado nosso). No mesmo sentido, o nº 1 do artigo 6º da Convenção Europeia dos Direitos do Homem, abrange a obrigatoriedade de os Estados facultarem aos cidadãos, o acesso aos tribunais e à tutela jurisdicional efetiva dos direitos em tempo útil e segundo um processo equitativo. Enquanto dever que impende sobre os Estados, a obrigatoriedade de uma justiça célere e em tempo útil, obriga-os a procurar mecanismos e instrumentos que lhes permita satisfazer estes primados de eficiência e de razoabilidade temporal nas decisões emanadas pelos órgãos jurisdicionais competentes, pelo que o aproveitamento do potencial privado e dos recursos que estes dispõem numa tarefa que se possibilita juridicamente possível e aceitável de transferir, parcialmente, para os privados, concretiza este desiderato de eficiência na gestão da justiça e na obtenção de resoluções céleres.

Atento o exposto, não se pode deixar de afirmar que a privatização da ação executiva é movida por uma panóplia de fundamentos ontológicos que serviriam interesses de diversos domínios sociais, contudo o próprio conceito polissémico de privatização encerra em si um conjunto heterogéneo de entendimentos que dificilmente conseguem dar um entendimento uniforme, exaustivo e perentório a um fenómeno que se verifica denso e dificilmente encerrado na sociedade e nos ordenamentos jurídicos modernos. O chamamento do potencial privado e a sua fundamentação axiológica acaba por despertar interesses que até aqui não se tinham pensado, mas que devidamente comportam importantes benefícios que não podem ser negados nem, minimamente, negligenciados, sob pena de cairmos numa redundância que nos leve a enfermar e a ajuizar o entendimento enquanto meros artesãos de ideias.

3. Operacionalização da privatização da ação executiva

O processo executivo próprio do Direito processual português teve um progressivo desenvolvimento ao longo dos séculos, contudo a sua origem remonta à idade romana, como grande parte das instituições de direito vigentes nos vários ordenamentos jurídicos[74]. Contudo, não podemos deixar de referir que a sua expressividade sociológica se mostrou sempre como secundária ou subsidiária do processo de declaração judicial, mostrando-se como um *tertium genus* cuja expressão sociológica se revela menos conhecida na vida social.

Todavia, no primeiro Código de Processo Civil português que remonta aos anos de 1876, já de encontrava no projeto de Alexandre Seabra, um conjunto de documentos que serviriam de título executivo para impulsionar o Estado na sua função jurisdicional de cumprimento coercivo das obrigações a que os sujeitos estavam adstritos. A par disto, previam-se ainda os documentos a favor da Fazenda Nacional como títulos bastantes para serem despoletadas as competentes ações de natureza executiva.

Tanto as posteriores reformas de 1939 e de 1961, mantiveram a sistematização da ação executiva, pois a tramitação do mesmo cabia na alçada dos tribunais enquanto guardiões do poder jurisdicional que cabe ao Estado. Contudo, não foi até à reforma de 2003 do Código de Processo Civil, considerando o Governo em funções a ineficiência do tradicional processo executivo e movidos por uma necessidade de justiça célere e procurando dar cumprimento ao desiderato constitucional de que os sujeitos têm direito a obter em *tempo útil* a pretensão do seu direito, que se procurou uma alternativa ao paradigma tradicional, fazendo nele intervir profissionais liberais especializados, os solicitadores de execução, figura inspirada nos *huissiers de justice* franceses. A adoção deste modelo tinha vindo a ser alargada a países vizinhos de França, bem como a Estados do Leste Europeu, após o colapso dos respetivos regimes comunistas. Foi nesta lógica que se iniciou a desjudicialização do processo executivo, ou como também é designada, a sua *privatização*, pois a degradação do processo executivo no paradigma tradicional motivou a transferência de poderes públicos para a alçada destes privados.

[74] Armindo Ribeiro, *O Processo Executivo no Futuro Código de Processo Civil*, pp.87-147, disponível em *http://www.oa.pt/upl/%7Ba62c667e-c5bf-44c0-a7eb-2c3d154dbef9%7D.pdf*, consultado em 11.01.2023.

Em termos de direito comparado, coexistem três modelos que operam no processo executivo, indo desde um extremo no qual o processo passou para uma lógica puramente administrativista, adotada em países escandinavos, outro que assenta num modelo de execução concentrado no tribunal judicial, configurando o outro extremo oposto, e um modelo misto ou hibrido que pretende uma parcial privatização no qual parte da atividade é realizada por agentes privados com a adoção de um órgão jurisdicional que procura a tutela dos atos praticados (modelo no qual assenta o direito português vigente e os casos do *Huissier de justice* em França ou ainda do *Gerichtsvollzieher* germânico ou do *Bailiff* anglo-americano)[75]. Consegue-se verificar um espectro quantitativo que permite decifrar a maior ou menor medida com que a privatização do processo executivo é operada, sendo que a adoção por cada modelo assenta em primados constitucionais e no respeito pelos valores axiológicos vigentes. Dai que o sistema jurídico português não possa assentar a privatização da ação executiva num modelo extremista de privatização total, pois os valores axiológicos que obrigam a que a função jurisdicional do Estado seja exercida em exclusivo pelo Tribunal, não permitem uma ótica de privatização que assente na adoção de "desguarda" dos atuais agentes de execução, obrigando a coexistir órgãos jurisdicionais e não jurisdicionais no seio da ação executiva.

Foi com a aprovação da reforma de 2003 que se deu o primeiro passo para esta privatização do processo executivo, a qual foi aprovada pelo Decreto-Lei nº 38/2003, de 8 de março, o qual viria a ser posteriormente alterado pelo Decreto-Lei nº 199/2003, de 10 de setembro, os quais tiveram uma profunda influência do Prof. Lebre de Freitas. O desiderato era claro e procurou que a atividade executiva dos tribunais, parcialmente, fosse realizada pelos solicitadores de execução, havendo, contudo, determinadas atividades e atuações que cabiam exclusivamente aos tribunais, bem com os poderes de supervisão do juiz era reforçado para garantia da tutela jurisdicional efetiva. Foi esta reforma que acabou por colocar um termo na concentração do processo executivo ancorado numa lógica de tramitação puramente concentrada no tribunal e nos funcionários judiciais orientados pelos juízes. Como refere TAVARES DE SOUSA, "a reforma

[75] JOSÉ LEBRE DE FREITAS, "Agente de Execução e Poder Jurisdicional", *in Revista Themis*, Nº 7, Ano VII, 2003, pp.19-34; *Idem*, "A Reforma do Processo Executivo", *in Revista da Ordem dos Advogados*, Ano 62, Vol.II, 2002, pp.731-757.

agora empreendida apresenta o mérito de procurar romper com o estado de coisas anterior, através de medidas destinadas a libertar os tribunais de atos que fracassavam por falta de meios logísticos adequados, atribuindo-se aos agentes de execução, em regra solicitadores especializados, uma parte das competências antes pertencentes a juízes e oficiais de justiça. A par desta «privatização» da competência para a prática de atos executivos, a intervenção legislativa recaiu sobre dois outros pontos onde se centravam os maiores entraves à funcionalidade do processo executivo: a dificuldade de conhecer com exatidão e em tempo útil a situação patrimonial do executado e, também, as demoras causadas pela citação edital dos credores com direitos reais de garantia não sujeitos a registo sobre os bens penhorados"[76]. Não implicou, assim, uma atribuição de *jurisdictio* aos particulares, pois o Estado na sua função jurisdicional mantém o mister de prolação da tutela jurisdicional efetiva para a resolução de conflitos existentes, sendo atribuídas competências próprias às sujeições e prerrogativas judiciárias, na qual são transferidas por disposições legais expressas as mencionadas competências.

A privatização acabou por ser dada pela redação dada ao artigo 808º do Código de Processo Civil, passando a prever o nº 1 que "cabe ao agente de execução, salvo quando a lei determine diversamente, efetuar todas as diligências do processo de execução, incluindo citações, notificações e publicações, sob controlo do juiz", cabendo a este último o "poder geral do controlo do processo e de outras intervenções especificamente estabelecidas", tais como proferir despacho liminar, julgar incidentes de natureza declarativa, etc. (cf. artigo 809º do Código de Processo Civil de 1961). Como apontava alguma doutrina, "uma consequência geral do novo regime definido para a ação executiva é a de que é admissível que uma execução corra totalmente sem que nela se chegue a verificar qualquer intervenção do juiz de execução (mas, naturalmente, sem que se dispense que o requerimento executivo deva ser entregue no Tribunal competente"[77]. A eficiência acabou assim por ser conseguida quer por via do chamamento do potencial privado ao cumprimento de tarefas que até então estavam exclusivamente na alçada do domínio público, designadamente dos tri-

[76] Miguel Teixeira De Sousa, *Código de Processo Civil*, 8ª Edição, Coimbra, Coimbra Editora, 2008.

[77] Idem, Ibidem.

bunais comuns, bem como através de determinados mecanismos de celeridade e simplificação da tramitação do processo executivo.

Contudo, o bom funcionamento, ainda que com algumas críticas e prolixidades face à novidade oriundas da alteração de paradigma, pois "*o que é novo incomoda*", acabou por determinar que a privatização fosse estendida em 2008, a qual foi apelidada pelo Prof. Lebre de Freitas de "*Reforma da reforma da ação executiva*", acabou por ser aprovada pelo Decreto-Lei nº 226/2008, de 20 de novembro, o qual consagrava no seu preâmbulo que visava "tornas as execuções mais simples e eliminar formalidades processuais desnecessárias".

Da ótica da privatização operada com esta reforma, e deixando de lado aspetos processuais que procuraram uma simplificação do processo executivo e das formalidades inerentes e associadas ao mesmo, dir-se-á que esta acabou por culminar mais um passo na fase de privatização da ação executiva, pois se por um lado foram reforçados os poderes dos solicitadores de execução, que passaram a designar-se por agentes de execução – dada a possibilidade de também advogados com inscrição em vigor na respetiva ordem poderem exercer as funções no âmbito da ação executiva, contrariamente ao que ocorrera com a reforma de 2003 cuja delimitação estava circunscrita aos solicitadores -, também se verificou que o juiz passou a deter um poder de controlo sobre os atos praticados pelo agente de execução, unicamente quando fosse requerida a sua intervenção e dentro do elenco taxativo de poderes que a lei lhe conferia. Isto porque, o novo diploma veio expressamente eliminar, de forma emblemática, o "poder geral de controlo" que detinha desde a reforma de 2003, e consagrou que ao agente competia "lei determine o contrário, efetuar todas as diligências de execução, incluindo, nos termos da portaria do membro do Governo responsável pela área da justiça, as citações, notificações e publicações". Prevê-se uma autêntica autonomização da figura do agente de execução e uma clara destrinça entre os intervenientes da ação executiva, deixando bem patente que a figura deste revelava ser o "senhor da ação executiva", uma vez que cabia-lhe toda a tarefa inerente à tramitação do processo, funcionando mesmo como uma figura residual a quem lhe competia tudo o que não coubesse aos demais, deixando as funções do juiz de execução, da secretaria judicial e do oficial de justiça bem delimitadas e apenas em situações especificas e concretas.

O terceiro momento que se encontrou como concretizador do fenómeno de privatização do processo executivo, mostra-se com a aprovação do novo Código de Processo Civil de 2013, o qual foi aprovado pela Lei nº 41/2013, de 26 de junho. Em termos sistematológicos, deve-se referir que a reforma do Código de Processo Civil de 2013 não trouxe alterações quanto aos poderes atribuídos ao agente de execução, nem quanto a este fenómeno de privatização, sendo pelo contrário verificada uma lógica de regressão desta privatização, uma vez que alguns dos poderes que haviam sido atribuídos ao agente de execução na reforma de 2008 retornaram à esfera do juiz de execução. Todavia, não se pode referir que tenham sido uma regressão profunda ou significativa que origine a ideia ou a máxima socialista que cause ou abale a figura da privatização da ação executiva e a sua subsequente devolução ao domínio exclusivamente público.

Por último, deve aqui ser apontado como instrumento legislativo que tornou operativo este processo translativo de poderes do domínio público para o domínio privado, a criação de um procedimento designado por Procedimento Extrajudicial Pré-Executivo (PEPEX), que procurou dar um passo mais neste fenómeno. O PEPEX, aprovado pela Lei nº 32/2014, de 30 de maio, revela-se como um procedimento cuja natureza é facultativa e que corre termos de forma extrajudicialmente, ou seja, não tem qualquer movimentação ou inserção num processo de natureza jurisdicional. Axiologicamente, o elemento argumentativo que permite identificar este procedimento enquanto movimento privatizador do processo executivo é que o seu objeto é, precisamente, a fase 1 do processo de execução civil. Veja-se que o processo executivo para pagamento de quantia certa quando deva seguir forma sumária, nos termos e para efeitos do nº 2 do artigo 550º do Código de Processo Civil de 2013, acaba por encerrar na sua fase 1 as diligências de análise do título e requerimento executivo, bem como as diligências prévias à penhora, na qual o Agente de Execução irá averiguar a existência de bens que sejam suscetíveis de penhora e notificar o exequente do teor da fase 1 para que este se venha pronunciar no prazo de 5 dias sobre o andamento do processo, ou a sua eventual desistência. Compulsada a Lei nº 32/2014, de 30 de maio, a qual aprovou o PEPEX, verifica-se que a sistematologia deste procedimento é precisamente retirar a fase 1 do processo executivo para a alçada dos privados, procurando transferir esta fase para um procedimento puramente administrativo que visa, entre outras, analisar o título e requerimento executivos e encontrar bens suscetíveis de penhora.

Conforme referido, denota-se do teor do artigo 2º da Lei nº 32/2014, de 30 de maio, que o PEPEX tem como desiderato, entre outras, a "identificação de bens penhoráveis através da disponibilização de informação e consulta às bases de dados de acesso direto eletrónico previstas no Código de Processo Civil , aprovado pela Lei nº 41/2013, de 26 de junho, para os processos de execução cuja disponibilização ou consulta não dependa de prévio despacho judicial". Acresce o nº 1 do artigo 9º do citado diploma legal que "o agente de execução realiza as consultas às bases de dados da administração tributária, da segurança social, do registo civil, do registo nacional de pessoas coletivas, do registo predial, do registo comercial e do registo de veículos e de outros registos ou arquivos semelhantes, para obtenção de informação referente à identificação e localização do requerido, bem como dos bens penhoráveis de que seja titular". Analogamente, determina, já em sede de processo de execução, o nº 1 do artigo 749º do Código de Processo Civil de 2013, que "a realização da penhora é precedida das diligências que o agente de execução considere úteis à identificação ou localização de bens penhoráveis, observado o disposto no nº 2 do artigo 751º, a realizar no prazo máximo de 20 dias, procedendo este, sempre que necessário, à consulta, nas bases de dados da administração tributária, da segurança social, das conservatórias do registo predial, comercial e automóvel e de outros registos ou arquivos semelhantes, de todas as informações sobre a identificação do executado junto desses serviços e sobre a identificação e a localização dos seus bens".

Como se pode verificar desta comparativa legislativa, torna-se claro e indubitável que o desiderato prosseguido pelo legislador foi privatizar parcialmente o processo executivo de pagamento de quantia certa, sempre que esta corra sob a forma sumária, retirando da alçada da natureza jurisdicional a fase 1 do processo executivo para uma total privatização, uma vez que tanto as normas como o seu funcionamento são determinados por normas jurídicas que se caraterizam pela sua natureza extrajudicial e procedimental. Revela-se, assim, que este foi a última, e decisiva, vontade movida pelo legislador com o intuito de concretizar a privatização do processo executivo, de modo a transferir poderes que se encontravam na alçada do domínio público para o domínio privado, sendo nesta fase realizada uma privatização que deve ser considerada verdadeiramente como pura e movida pela alteração substancial das normas jurídicas que lhe dão regulamentação.

4. Os limites da privatização da ação executiva

O fenómeno de privatização da ação executiva enquanto alteração do paradigma clássico baseado na exclusividade do poder público encerrado na esfera jurisdicional dos tribunais para uma ótica de aproveitamento do potencial privado, dando-lhes competências que até há bem pouco tempo competiam aos tribunais judiciais, acaba por comportar uma importante alteração do funcionamento da justiça e na própria exteriorização social da mesma, enquanto garante de um Estado de Direito baseado em sistemas públicos hierarquizados, equitativos e justos na resolução de litígios.

Por isso, estudado o fenómeno da privatização e as suas concretizações, impõe-se, neste momento, dirigir a nossa atenção para os limites a este fenómeno e como os mesmos se podem impor. Decerto será, e sem prejuízo dos limites que se possam levantar a outros níveis, que os limites poderão ser de diversa índole, designadamente limites práticos, sociológicos, éticos ou mesmo políticos, contudo a nossa atenção mostrar-se-á exclusivamente dirigida para os limites de natureza jurídica que podem levantar-se com esta privatização.

Primo, podemos apontar como primeiro limite na privatização da ação executiva, o princípio da eficiência já mencionado ao longo deste breve trabalho, pois este acaba por comportar e representar um duplo papel relativamente a este fenómeno de privatização da ação executiva. Enquanto se assume como um elemento motivador da privatização, não podemos negligenciar que também se carateriza como um limite da mesma. Em termos concetuais, não podemos olvidar que o conceito de eficiência é um conceito relativo, concretizando uma ponderação entre o nível de resultados obtidos com a ação executiva e o nível de recursos afetos à sua obtenção; por outro lado, não podemos deixar de considerar que o nível de resultados obtidos, determina a necessidade de serem cumpridas determinadas finalidades. Quer isto dizer que quando a privatização opere para um nível de ineficácia ou ineficiência, a privatização deixará de ser uma solução para ser considerada uma problemática.

Pelo exposto, torna-se possível identificar uma harmonia entre a necessidade de reduzir custos associados à gestão do processo executivo e a necessidade de obtenção de resultados concretos da ação executiva e da concretização do interesse público. O específico interesse público subjacente à realização das finalidades da ação executiva não poderá ser prejudicado pelo fenómeno da privatização, e nessa medida constituirá o seu limite enquanto elemento intransponível deste fenómeno.

Secundo, o regime constitucional das restrições de direitos, liberdades e garantias configura-se aqui como um importante limite perante a privatização da ação executiva, contendendo a necessidade acrescida de salvaguarda dos direitos, liberdades e garantias fundamentais dos sujeitos que passaram a ser destinatários de uma multiplicidade de atos praticados por agentes privados investidos por poderes públicos. As normas por via das quais se concretizam as medidas restritivas de apreensão de bens pertencentes ao património do devedor e executado, dificilmente se poderão deixar de ser tidas como restritivas, porque, apesar de no interesse público e não do Agente de Execução, não são acompanhadas de um interesse ou remuneração por parte deste.

O primeiro aspeto a ter em consideração e que se deve aqui salientar, contende com o facto de a privatização transferir poderes públicos restritivos de direitos para a alçada do domínio dos privados, ficando estes investidos de verdadeiros poderes coercivos que lhes permite limitar a atuação dos direitos que os executados detêm sobre os seus bens. Ora, consubstanciando-se em atos privativos de direitos, liberdades e garantias há que ter um certo cuidado na translação destes poderes para a alçada dos privados, bem como a forma como a mesma é concretizada, pois outorgar poderes limitativos de direitos constitucionalmente consagrados unicamente poderá ser realizada tendo em consideração os primados de necessidade, adequação e proporcionalidade[78].

Um segundo aspeto que não deve aqui ser negligenciado contende com a liberdade de escolha de profissão vertida no artigo 47º da Constituição da República Portuguesa e gizada em muitas das Constituições modernas. Veja-se que um dos anteprojetos do Estatuto da Ordem dos Solicitadores e Agentes de Execução, limitava mesmo o exercício da profissão de solicitador ou advogado para aqueles que desejassem inscrever-se enquanto agentes de execução, não podendo exercer qualquer outra atividade que não esta última mencionada. Tal limitação acabou por não ser aprovada no texto final do Estatuto aprovado, contudo a limitação que a privatização da ação executiva impõe a certos direitos, liberdades e garantias pode mostrar uma importante atividade limitativa a estes.

[78] J.J. Gomes Canotilho, Vital Moreira, *Constituição da República Portuguesa.* Vol.I, 4ª Edição, Coimbra, Coimbra Editora, 2007.

Tertio, deve-se apontar como um dos limites impostos para que a privatização da ação executiva não ocorra de forma totalmente administrativista, o exercício da função jurisdicional por parte do Estado em função de monopólio. Veja-se que o artigo 202º da Constituição da República Portuguesa, consagra expressamente que "os tribunais são os órgãos de soberania com competência para administrar a justiça em nome do povo", sendo que "na administração da justiça incumbe aos tribunais assegurar a defesa dos direitos e interesses legalmente protegidos dos cidadãos, reprimir a violação da legalidade democrática e dirimir os conflitos de interesses públicos e privados". Ou seja, segundo alguns autores, a ausência de enquadramento sistemático dos tribunais de outra natureza ou da possibilidade de que a justiça seja administrativa por entes privados, leva à velha máxima de que o Estado possui o monopólio da *jurisdictio*.

Contudo, não podemos dizer que estejamos perante uma verdadeira privatização em sentido estrito, pois como temos vindo a referir a privatização operada deve ser entendida unicamente num sentido amplo, pois parte dos poderes mantêm-se na esfera jurídica do tribunal, sendo o juiz o guardião da lei e da função jurisdicional em matéria executiva. Como refere Lebre De Freitas, "além do controlo prévio da execução (...) cabe ao juiz julgar a reclamação de qualquer acto do agente de execução e decidir qualquer questão que lhe seja suscitada por este, pelas partes (...) por terceiros intervenientes (...) ou em certos casos por funcioná- rio judicial (...) Por via destas atribuições (...) é assegurado o controlo à posteriori dos actos executivos, sobre os quais cabe sempre ao juiz a última palavra. Mas além de oficiosamente poder dar-se conta, em momento em que o processo lhe seja concluso, de qualquer questão que não lhe tenha sido suscitada, conservando sempre o poder de controlo geral do processo, várias disposições legais apelam para a sua intervenção"[79].

Denota-se, assim, que a transferência de poderes operada por via desta privatização, acaba por se mostrar limitada por este princípio constitucional que veda a terceiros ou a privados, a prática de atos de natureza jurisdicional, devendo os mesmos agir em representação do tribunal. Por este motivo, Marco Gonçalves[80] acaba por expressamente referir que ao

[79] José Lebre De Freitas, "Agente de Execução e Poder Jurisdicional", *in Revista Themis*, Nº 7, Ano VII, 2003, pp.19-34.

[80] Marco Gonçalves, *Lições de Processo Civil Executivo*, 2ª Edição, Coimbra, Almedina, 2018.

agente de execução compete, fundamentalmente, a tarefa de auxiliar a justiça com um poder geral de direção do processo. A função do Agente de execução é assim a mera tarefa de auxílio e da prática de tarefas de expediente ou executivas que podiam ser praticadas pelos oficiais de justiça e não requerem a interpretação ou aplicação do direito em casos de litígio, não operando, assim, uma transmissão da função jurisdicional do Estado na sua vertente de resolução dos litígios que venham a ascender na ação executiva, pois nestes casos cabe ao juiz dirimir estes litígios.

Atento o exposto, a obrigatoriedade de que a função jurisdicional seja realizada unicamente pelos tribunais, acaba por marcar negativamente a pretensão de privatização pretendida pelo legislador, pois constitui esta uma verdadeira limitação efetiva no sentido de não poder ser concretizada uma total transferência de poderes para a alçada do domínio privado, uma vez que os limites constitucional pautam que o modelo a adotar não possa meramente desprender-se da função jurisdicional exercida pelos tribunais e da função que estes encerram enquanto guardiões da resolução de litígios.

PARTE II
AS CONVENÇÕES DE RESPONSABILIDADE PATRIMONIAL

I
A Limitação Convencional da Responsabilidade Patrimonial por Vontade das Partes

1. Introdução

A formação interna e material dos negócios jurídicos são uma arte milenar que transcende os tempos, as pessoas e as tradições. Pensar no acordo entre pessoas é remontar à antiguidade e à nascença da própria sociedade. O homem carece dos demais para se desenvolver, daí a necessidade de se integrar em sociedade, de se integrar com os demais e criar as sinergias necessárias ao seu próprio desenvolvimento e ao da sociedade em que se encaixa. É através da constituição de obrigações, da criação de métodos distintos de relacionamento e do próprio desenvolvimento coletivo que o homem consegue o seu próprio desenvolvimento singular.

Todavia, pensar na formação dos contratos é, também, pensar no seu caráter multidisciplinar. Não podemos deixar de falar da sua importância económica, social, política e, mesmo, moral. Por isso, o Direito não pode ser imune ao devir da importância que os negócios assumem na sociedade. A sua formação é essencial para dar ênfase aos demais sectores onde se insere, e o Direito não pode constituir um bloco impeditivo que crie um atrito indesejado, sob pena de deixar de ser neutral e desejável à própria sociedade. A modelação jurídica dos efeitos que os negócios e contratos é, assim, essencial para o cumprimento dos desígnios prosseguidos por estes, designadamente o seu cumprimento pontual e o desenvolvimento dos efeitos pretendidos.

Modelar os efeitos acessórios como a responsabilidade do devedor, acaba por se revelar complementar e desejável a este fim prosseguido. Através da modelação do conteúdo principal, mas também dos acessórios, é possível ao Direito dar cumprimento ao se desígnio principal, designadamente a regulação das relações sociais, e consequentemente no âmbito contratual, o auxílio ao bom cumprimento dos negócios celebrados. Porque o Direito não pode deixar de ser neutral, deve permitir – dentro das margens consideradas idóneas e desejáveis aos próprios interesses da sociedade e da coletividade – a modelação destes efeitos concretos de responsabilização patrimonial pelas partes.

2. Noções e precisões terminológicas da convenção de limitação da responsabilidade patrimonial por vontade das partes

Tendo presente que o estudo sério da temática envolve conceitos, qualificações, categorias e tipos que em muito ultrapassam os propósitos do presente escrito, impõe o bom senso que um trabalho desta exigência tenha por pressuposto uma delimitação concetual dos termos que aqui serão abordados. É que, apesar de tildarmos o presente trabalho segundo uma ordem de economia (por questões óbvias), não poderemos deixar de fazer uma breve abordagem acerca da delimitação dos conceitos aqui utilizados e da sua amplitude.

Considerando o já referido, a "*garantia geral das obrigações*"[81] não é (nem pode ser) uma garantia imperativa e intangível ao poder das partes. Ou seja, não se configura como um bloco rígido e imutável que é blindado da vontade das partes, pois à luz das demais disposições normativas, existe certa maleabilidade que permite às partes a sua modelação. Esta posição, claramente assumida pelo legislador ordinário, outorga às partes o poder de convencionar, dentro da liberdade contratual geral, quais os bens que respondem, positivamente ou negativamente, em caso de incumprimento pelas obrigações validamente constituídas (*pactum non exequendo*). Por outras palavras, considera-se uma verdadeira renúncia (parcial) antecipada por parte do credor à execução (por via jurisdicional do processo de execução) de determinados bens do devedor. Enquanto renúncia antecipada (portanto ocorrida extrajudicialmente), falamos de uma verdadeira convenção negocial que permite às partes, por livre e espontânea vontade, determinar quais os bens que pretendem ver responsabilizados, ou subtraídos da responsabilidade patrimonial. Daí que consideremos

[81] Luís Menezes Leitão, *Direito das Obrigações Volume II – Transmissão e Extinção das Obrigações. Não Cumprimento e garantias do Crédito*, 6ª Edição, Almedina, 2008, pp.295-296.

esta convenção como um verdadeiro acordo *inter partes* subordinado à vontade dos sujeitos que integram a relação jurídica obrigacional, ou, ainda e em determinadas ocasiões, como uma declaração expressa e unilateral, cuja eficácia é *erga omnes* quantos a determinados bens transmitidos por liberalidade.

A primeira situação, encontramo-la no artigo 602º do Código Civil, o qual dispõe que, "*salvo quando se trate de matéria subtraída à disponibilidade das partes, é possível, por convenção entre elas, limitar a responsabilidade do devedor a alguns dos seus bens no caso de a obrigação não ser voluntariamente cumprida*"[82]. Já a segunda situação, encontra-se consagrada no artigo 603º do Código Civil, e dispõe que, "*os bens deixados ou doados com a cláusula de exclusão da responsabilidade por dívidas do beneficiário respondem pelas obrigações posteriores à liberalidade, e também pelas anteriores se for registada a penhora antes do registo daquela cláusula*"[83].

Considerando o referido, não podemos deixar de afirmar que ambas as situações apresentadas são, verdadeiramente, declarações de vontade concordantes que integram um determinado negócio jurídico. Assumem-se como verdadeiras cláusulas acessórias do contrato principal, mas não podemos deixar de referir que é uma declaração de vontade instrumental e colateral ligada à obrigação principal. Esta certeza é, ainda, mais assertiva se atentarmos à definição de negócio jurídico consagrada por MOTA PINTO[84], pois, para este autor, "*os negócios jurídicos são actos jurídicos constituídos por uma ou mais declarações de vontade, dirigidas à realização de certos efeitos práticos, com intenção de os alcançar sob tutela do direito, determinando o ordenamento jurídico a produção dos efeitos jurídicos conformes à intenção manifestada pelo declarante ou declarantes*". Falamos de um contrato cujo conteúdo é formado por declarações de vontade subordinadas ao contrato principal, mas sem qualquer auto-

[82] Um exemplo desta cláusula, poderá ser representada pela seguinte declaração de vontade: "*Acordam as partes que, os bens a seguir identificados, ficam excluídos de responsabilidade patrimonial, ficando assim excluídos de penhora, apreensão ou outro qualquer outro ato, judicial ou extrajudicial com a mesma finalidade, caso o devedor venha incumprir a obrigação a que se compromete no presente contrato*".

[83] Esta cláusula poderá ser expressa, tanto num contrato de doação como através de testamento, da seguinte forma: "o doador/autor do testamento declara expressamente *que o bem deixado fica excluído de qualquer responsabilidade do beneficiário, não podendo ser penhorado ou apreendido judicialmente para cumprimento das dívidas do mesmo*".

[84] CALOS ALBERTO DA MOTA PINTO, *Teoria Geral do Direito Civil*, 4ª Edição, Coimbra, Coimbra Editora, 2005, p.379; INOCÊNCIO GALVÃO TELES, *Direito das Obrigações*, 7ª Edição, Coimbra, Coimbra Editora, 2010, pp.58 e seguintes.

nomia própria, pois deve-se entender que, as mesmas, estão restringidas à obrigação constituída pelo contrato principal. Por isso, se entende a referência do legislador quando dispõe que é possível, por convenção entre elas, limitar a responsabilidade do devedor a alguns dos seus bens n*o caso de a obrigação não ser voluntariamente cumprida* (cfr. artigo 602º, *in fine,* do Código Civil).

Tomando por consideração a unidade sistemática do Direito, e consequentemente das normas jurídicas que regulam as condutas sociais em matéria contratual, não poderíamos deixar de sufragar esta tese. Por isso, invoca-se o disposto no artigo 405º, nº 1 do Código Civil, quando consagra que *"as partes podem convencionar as cláusulas que lhes aprouver"*. O princípio da autonomia privada constitui uma diretriz matricial a toda a ordem jurídico-obrigacional, permitindo aos sujeitos uma liberdade negocial que lhes permite moldar as suas relações segundo um conjunto de critérios permeáveis, de modo a facilitar a concretização dos negócios jurídicos[85/86]. E a vontade negocial das partes equivale assim a uma verdadeira potência criadora de Direito, constituindo e modificando efeitos jurídicos[87]. Os efeitos dos negócios jurídicos, e as consequências dos mesmos, acabam, assim, por encontrar guarida no princípio da autonomia e da liberdade contratual das partes. Daí que, entre essa liberdade, encontremos a pos-

[85] Em termos sucintos, dir-se-á que o princípio da autonomia privada tem como principais consequências:
i) Os sujeitos são livres de celebrar, ou não, qualquer contrato ou formalizar qualquer negócio jurídico, escolhendo livremente o(s) sujeito(s) da relação jurídica;
ii) Os sujeitos podem, livremente, estipular as cláusulas, os efeitos e os moldes em que o negócio jurídico é celebrado;
iii) As partes podem, ainda, escolher, de entre várias legislações concorrentes, a competente para regular a relação jurídica por eles criada.
Cfr., entre outros, Luís Menezes Leitão, *Direito das Obrigações. Vol.I – Introdução da constituição das obrigações,* 8ª Edição, Coimbra, Almedina, 2009, pp.21 e seguintes.

[86] *"Às estipulações limitativas da responsabilidade apresentam vantagens práticas. Facilitam, sem dúvida, a celebração de certos contratos susceptíveis de gerar vultosa responsabilidade. Mas, simultaneamente, também revelam inconvenientes. Houve ensejo, aliás, de focar este aspecto quando se abordou o problema das cláusulas contratuais gerais e do contrato de adesão. Por tudo isto, incumbe ao legislador a fixação dos parâmetros dentro dos quais se admitem as convenções limitativas da responsabilidade e, nalguns casos, mesmo a sua completa proibição".* Mário Júlio De Almeida Costa, *Direito das Obrigações,* Almedina, 2009, p.788.

[87] Veja-se que a formulação do artigo 1134º do Código Civil Francês, prescreve que *"as convenções legalmente celebradas têm, para aqueles que as celebram, a força ou valor de leis"*.

sibilidade de as partes acordarem sobre a responsabilidade patrimonial, no âmbito dos negócios jurídicos por si celebrados.

Torna-se inquestionável que, constituindo o princípio da autonomia privada uma das matrizes essenciais de quase todo o direito privado (e principalmente no âmbito do direito obrigacional), não seria legítimo subtrair do poder das partes a possibilidade de convencionarem os efeitos jurídicos e a estipulação das cláusulas que integram os negócios jurídicos celebrados. É que, constituindo uma das funções do património a função externa de garantir o cumprimento das obrigações do seu titular, não se mostraria sistemicamente coerente que as partes não tivessem legitimidade, dentro dos parâmetros de organização sistémica do Direito, para convencionar o regime garantístico objetivo da relação jurídica estabelecida (ou a estabelecer).

Assim, não podemos deixar de afirmar que a cláusula de limitação de responsabilidade a determinados bens é, antes de mais, uma convenção juridicamente admissível, acessória do contrato principal, mas integrante do mesmo, e pela qual o Direito lhe dá cobertura jurídica. É que, constituindo um acordo de vontade entre duas ou mais pessoas, cujo escopo obrigacional é dependente de uma prestação principal, mas que contém validade jurídica e efeitos jurídicos próprios (ainda que conexos com a obrigação principal), não podemos deixar de referir que se trata de uma verdadeira declaração jurídica (acessória).

Será a partir desses efeitos jurídicos que poderemos (e deveremos) fazer uma abordagem sobre os dimensionamentos que os mesmos assumem num plano jurídico, determinando-se a imputação da responsabilidade perante os sujeitos da relação jurídica constituída, mas, também, perante terceiros que intervenham acidentalmente. Por isso, diremos que, internamente, a convenção de responsabilidade assume uma *dimensão positiva* e/ou *negativa*, na medida em que as partes podem delimitar o conteúdo do negócio jurídico visado; externamente, a convenção de limitação de responsabilidade deve projetar os seus efeitos jurídicos num plano externo, todavia, a sua eficácia *inter partes* ou *erga omnes* revela uma importância acrescida na segurança do comércio jurídico.

3. Dimensão positiva e negativa

Considerando que a convenção de limitação de responsabilidade patrimonial constitui parte integrante de um verdadeiro negócio jurídico, não podemos deixar de dotá-la de juridicidade e de relevância para o Direito. Dir-se-á que, as declarações de vontade emanadas e concordantes entre si espraiam relevância jurídica que determinam uma limitação da normalidade *jusobrigacional*, permitindo aos outorgantes que integram a mencionada relação jurídica a capacidade de modificar o conteúdo colateral (e patológico) do negócio jurídico principal e do qual a convenção de limitação desenvolve os seus verdadeiros efeitos jurídicos.

A modelação interna do conteúdo jurídico que integra a declaração de vontade acessória que carateriza a convenção de limitação da responsabilidade patrimonial acaba por ser conseguida do próprio teor do artigo 602º do Código Civil. Segundo o mencionado preceito legal, salvo quando se trate de matéria subtraída à disponibilidade das partes, é possível, por convenção entre elas, *limitar a responsabilidade do devedor a alguns dos seus bens no caso de a obrigação não ser voluntariamente cumprida.*

Numa perspetiva jurídica, a questão é tematizada tendo em conta a modelação interna do negócio jurídico celebrado. Em consequência, os efeitos jurídicos que são expressamente consagrados pelo mencionado preceito normativo traduzem-se literalmente numa limitação de natureza positiva. Como refere ALMEIDA COSTA[88], *"o preceito analisado refere-se diretamente a uma limitação positiva, ou seja, a mais frequente e que se realiza com a menção dos bens que respondem no caso de incumprimento da obrigação"*. Considera-se, segundo esta dimensão, que as partes estão plenamente autorizadas a limitar a responsabilidade patrimonial do devedor a determinados bens concretos ou a alguns deles positivamente identificados. No mesmo sentido, afirma ANTÓNIO PINTO MONTEIRO[89], que, *"pela limitação positiva passam a responder apenas os bens acordados"*.

Mas, para além desta dimensão positiva e sem prejuízo do elemento literal materializado na norma *juscivilística*, não poderemos deixar de referir que a limitação convencional da responsabilidade patrimonial do devedor pode, também, ser interpretada segundo uma dimensão negativa. Tendo em consideração os elementos literais consagrados pelo legislador, nada impede os outorgantes, segundo uma leitura *a contrario*, de limitar negativamente determinados bens de responsabilização. Ou seja, se perante

[88] MÁRIO JÚLIO DE ALMEIDA COSTA, *Direito das Obrigações*, Almedina, 2009, p.846.

[89] ANTÓNIO PINTO MONTEIRO, *Cláusulas Limitativas e de Exclusão de Responsabilidade Civil*, Coimbra, Almedina, 2011, p.113.

uma dimensão positiva, as partes identificam positivamente quais os bens que pretendem ser responsabilizados, afastando os demais bens de responsabilidade em caso de incumprimento do devedor, a dimensão negativa permite identificar negativamente quais os bens que as partes pretendem afastar de responsabilidade[90]. Nas palavras de ALMEIDA COSTA, "*afigura-se, todavia, que nada impede que essa limitação se opere de forma negativa, mediante a indicação dos bens que se excluem da garantia patrimonial*"[91].

Se atendermos ao que temos vindo a referir ao longo do presente estudo, não podemos deixar de referir que esta dimensão negativa não é mais que uma cláusula *ad exclusionem*. As partes estão, assim, perfeitamente legitimadas a subtrair de responsabilização, por incumprimento das obrigações do devedor, bens concretos e determinados, um género determinado de bens que integram o património presente ou futuro do acervo patrimonial do devedor, ou aqueles que acharem convenientes à celebração e ao bom cumprimento das obrigações a que o mesmo está adstrito. Por isso, a convenção limitativa de responsabilidade patrimonial acarreta, também, esta dimensão negativa de exclusão patrimonial, subtraindo de responsabilização pelo futuro incumprimento da obrigação concreta, os bens identificados no acordo celebrado.

Com efeito, uma última consideração não pode deixar de ser referida num estudo desta temática. A questão entronca na similitude que esta convenção tem com a figura das garantias reais. Contudo, e em termos simplistas, esta dimensão não pode ser entendida como uma "preferência real de responsabilização de determinados bens", isto é, não poderá a mesma ser confundida com as figuras jurídicas que integram o instituto jurídico das garantias reais. Isto porque, poderíamos, segundo uma leitura menos atenta e em desconsideração sistémica do Direito, concluir que as partes identificariam, positivamente, quais os bens que deveriam responder em primeiro lugar, sendo que, os demais responderiam subsidiariamente depois de excutidos os bens limitados positivamente. Deste modo, a tese de uma convenção de "*garantia especial encapotada sob o manto de convenção de limitação de responsabilidade*" parece-nos que não pode ser admitida, pois como bem referimos, as figuras das garantias especiais (especialmente as

[90] JOÃO DE CASTRO MENDES, MIGUEL TEIXEIRA DE SOUSA, *Manual do Processo Civil – Volume II*, Lisboa, AAFDL Editora, 2022, p.412, p.730.

[91] MÁRIO JÚLIO DE ALMEIDA COSTA, *Direito das Obrigações*, Almedina, 2009, p.846.

garantias reais) assumem contornos próprios e efeitos jurídicos diferenciados. No âmbito da limitação positiva de responsabilização patrimonial dos bens do devedor estamos perante um verdadeiro *numerus clausus* em que as partes taxativamente identificam quais os bens que irão responder em caso de incumprimento da obrigação a que o devedor está adstrito negocialmente. O caráter de imperatividade que assume esta convenção determinada voluntariamente pelas partes, carateriza uma natureza de exclusão dos demais bens não discriminados. Daí que, não se admita uma identificação positiva que frustre a satisfação da obrigação do credor, pois esta convenção seria prejudicial aos próprios interesses sociais que pivotam perante o comércio jurídico.

4. Dimensão funcional

Segundo uma dimensão funcional, diremos que o acordo sobre a limitação da responsabilidade patrimonial assume uma função acessória ou instrumental ao negócio jurídico principal. Tal cláusula é, conforme o conceituado no artigo 602º do Código Civil, acessória e instrumental de determinado negócio jurídico.

Mas, a sua modelação funcionalizada segundo uma conceção ampla, pode apresentar-se segundo uma tríplice (sub)dimensão mais reduzida, designadamente: a (sub)dimensão material, a (sub)dimensão cronológica e a (sub)dimensão externa *stricto sensu.*

Vejamos cada uma delas separadamente:

4.1. (Sub)Dimensão material

Em primeiro lugar, e segundo uma conceção puramente material, não falamos de acessoriedade face à prestação devida que integra a obrigação, pois, como é sabido, esta última pode ter por objeto uma universalidade ou um conteúdo, ainda, indeterminado. Falamos, sim, de uma obrigação concreta e válida e a qual constituiu o objeto da declaração de vontade recebida e aceite pela contraparte. Como refere o legislador no aludido preceito legal (artigo 602º do Código Civil), as partes podem convencionar que os bens respondam, positiva ou negativamente, *no caso de a obrigação* não ser voluntariamente cumprida. Ou seja, podemos estar perante uma universalidade indeterminada de bens *ex ante* ou *ex post,* desde que os bens (ou classe deles) estejam previamente determinados, ainda que de forma genérica.

Entende-se que a declaração de vontade que incida sobre a determinação dos bens à responsabilização pelo incumprimento das obrigações, deve, obrigatoriamente, conter:

i) em primeiro lugar, a identificação dos negócios jurídicos visados e as obrigações principais a que a responsabilidade está ligada e sob os quais irá recair a limitação mencionada;
ii) em segundo lugar, a identificação dos bens, ou classe genérica destes. Falamos, assim, de um verdadeiro *numerus clausus* em que a cláusula que integra o negócio jurídico principal deve, obrigatoriamente, conter a identificação (ainda que de modo genérico) do negócio jurídico a que está associado, e dos bens que são sujeitos a responsabilização pelo incumprimento da obrigação.

Neste sentido, nada impede que as partes venham associar a limitação de responsabilidade patrimonial ao cumprimento de obrigações futuras, ainda não constituídas, bem como a coisas futuras que ainda não façam parte do acervo patrimonial do devedor[92]. A indeterminabilidade das obrigações não pode ser aqui entendida com a possibilidade de identificação de obrigações ainda não constituídas, mas que as partes tenham, ou prevejam, num futuro celebrar. Por isso, veja-se que o próprio artigo 399º do Código Civil, vem admitir a prestação de coisa futura sempre que a lei não a proíba. Também, ainda que de forma análoga e, portanto, não diretamente aplicável, dispõe o artigo 654º do Código Civil, que, a fiança pode incidir sobre obrigação futura. Porém, deve-se atender-se, sempre, ao objeto da obrigação futura, isto é, a mesma deve ser determinável e analisada casuisticamente, sob pena de nulidade do negócio jurídico (cfr. artigo 280º do Código Civil). Como refere Menezes Cordeiro[93], *"tomado em termos literais e imediatos este preceito inutilizaria o art. 280º, nº 1, na parte essencial aplicável às obrigaçoes. Nunca haveria prestações indetermináveis pois nunca faltariam nem o tribunal, nem a equidade, para proceder à determinação", e, por isso, defende*

[92] Deve-se, contudo, referir que se, a coisa ou bem futuro identificado como respondendo positivamente pelo cumprimento da obrigação, no momento do incumprimento e do pedido do cumprimento coercivo da obrigação, não fizer parte do acervo patrimonial do devedor/executado, a cláusula deverá ser considerada nula e, consequentemente, será o património do devedor suscetível de responsabilidade por este incumprimento.

[93] António Menezes Cordeiro, "Impugnação Pauliana – Fiança de Conteúdo Indeterminável", *in CJ Ano XVII*, 3, p.61.

que *"dentro da lógica que preside a um diploma como o Código Civil, o art. 400º deve ser interpretado dentro do art. 280º, preceito da Parte Geral. Assim, só se põe o problema da determinação da prestação nos termos do art. 400º do Código Civil se a obrigação não for nula, por força do art. 280º"*.

4.2. (Sub)Dimensão cronológica

Em segundo lugar, e em termos *cronológicos*, não podemos deixar de referir que, a declaração limitativa de responsabilização de certos bens pode ser posterior à formação da relação jurídica-obrigacional constituída e à qual não pode deixar de estar associada. Isto é, nada impede que a formalização da declaração de vontade pela qual as partes restringem a responsabilização de certos bens ou património pelo (in)cumprimento da obrigação concreta seja contemporânea ou posterior ao negócio principal[94]. Na primeira das situações, diremos que a convenção assume cronologicamente uma integração *originária*, enquanto na segunda integra um negócio jurídico já existente assumindo assim uma função *derivada*.

Neste sentido, nada impede que, as partes, dentro liberdade negocial que gozam, modifiquem o teor e conteúdo objetivo da relação jurídica obrigacional, atendendo a novos factos supervenientes que mereçam reparo. Falamos, como referimos *supra*, de uma convenção acessória, pelo que nada impede que, a mesma, seja formalizada em momento posterior ao negócio jurídico na qual se subjuga, pois, a unicidade do negócio jurídico não é colocada em crise, nem tampouco a sua própria validade[95].

Para além disto, nada impede, também, que no decurso da própria ação executiva correspondente, as partes venham convencionar a limitação positiva ou negativa de responsabilização de certos bens. Partindo do pressuposto que, a ação executiva tem na sua base o princípio do dispositivo e da disponibilidade das partes, nada impede que, no decurso da instância judicial correspondente, as partes venham juntar o acordo correspondente para esta limitação. Todavia, o interesse público que subjaz a função jurisdicional do Estado, não permite uma total liberdade contratual das partes e com efeitos na esfera *juspublicista* da relação jurídica processual. Não pode-

[94] Pires de Lima, Antunes Varela, *Código Civil Anotado – Volume I*, 4ª Edição, Coimbra, Coimbra Editora, 2011, p.619.

[95] Neste sentido, veja-se que o próprio legislador deixou esta possibilidade em diversas normas jurídicas. Por exemplo, veja-se o consagrado nos artigos 221º e 222º, ou no artigo 394º, todos do Código Civil.

mos deixar de referir que a limitação de penhora de determinados bens, quando exista penhora já registada nos autos executivos, será ineficaz em relação à ação executiva pendente. Atentando ao disposto no artigo 751º, nº 5 alínea e) do Código de Processo Civil, a penhora pode ser reforçada ou substituída pelo agente de execução, quando o exequente desista da penhora, por sobre os bens penhorados incidir penhora anterior. Ou seja, ainda que se convencione *ex post* a exclusão de determinado bem, esta será ineficaz, salvo se, sobre ele, existir penhora anterior que permita ao exequente desistir da penhora. Esta conclusão é simples, pois a ação executiva insere-se na reserva do poder jurisdicional do Estado, prosseguindo-se interesses públicos e de salvaguarda pela ordem pública. A mera possibilidade de as partes poderem ordenar os atos e diligências de penhora que o Agente de Execução deve praticar, seria colocá-los numa posição de superioridade que seria inadmissível num Estado de Direito democrático.

Por isso, nada obsta a que o acordo de limitação patrimonial seja celebrado posteriormente ao negócio jurídico ou contrato inicial, ressalvando-se, contudo, questões de ordem pública e de salvaguarda por direitos fundamentais e princípios jurídicos que não permitem a formalização cronológica deste acordo. A unidade do sistema jurídico impõe que as partes possam convencionar, em qualquer momento, quais os bens que pretendem excluir ou incluir na responsabilidade das obrigações do devedor, mas, contudo, impõem-se certos limites, considerados intransponíveis, e que suscitam barreiras cronológicas que são exigidas por força da unidade do sistema jurídico.

4.3. (Sub)Dimensão externa *stricto sensu*

Por último, e segundo uma dimensão puramente externa, dir-se-á que a convenção sobre a limitação de responsabilidade patrimonial projeta os seus efeitos jurídicos no(s) negócio(s) jurídico(s) identificados no acordo celebrado entre as partes. Não podemos deixar de referir o caráter de acessoriedade que carateriza esta convenção de limitação de responsabilidade patrimonial, pelo que, não assumindo natureza autónoma, os efeitos jurídicos estão associados ao negócio jurídico. Também, os efeitos jurídicos acabam por não assumir uma relevância externa que possa ser oposta a terceiros.

Atentos ao teor do disposto no artigo 602º do Código Civil, a convenção exterioriza-se como um mero acordo formalizado pelas partes, sendo que os efeitos jurídicos são oponíveis apenas aos sujeitos que integram a relação jurídica obrigacional. A legitimidade material que as partem detêm em poderem convencionar quais os bens que, positiva ou negativamente, respondem pelo incumprimento, apenas relevará para efeitos meramente internos e contratuais. Ou seja, assumindo uma eficácia *inter partes,* a convenção de limitação de responsabilidade unicamente poderá ser oponível perante as próprias partes, negando-se qualquer efeito real ou *erga omnes* que lhe suscite a admissibilidade de exteriorização e de oponibilidade perante terceiros. Veja-se que, neste sentido, o próprio artigo 94º do Código do Registo Predial é taxativo e *obriga que do extrato das inscrições constem, obrigatoriamente, as cláusulas que excluam da responsabilidade por dívidas o beneficiário de bens doados ou deixados.* Ora, esta situação não é aquela que as partes determinam, de forma recíproca e segundo um acordo bilateral de vontades, a subtração de determinados bens de responsabilidade. *Estamos, sim, perante a declaração unilateral de restrição de responsabilidade dos bens deixados ou doados, cujo regime consta do artigo 603º do Código Civil.* A falta de ingresso desta cláusula de responsabilidade no registo predial leva-nos a afirmar, sem hesitações, que foi clara a intenção do legislador e traduz os efeitos puramente internos e *inter partes* da convenção celebrada. A *ratio legis* assume-se pelo facto de a mencionada convenção ser um acordo entre as partes envolvidas no negócio jurídico, não implicando a intervenção de terceiros, nem a sua imputação a estes, motivo pelo qual, tal cláusula não carece de ser publicitada.

Não estando em causa, diretamente, a segurança do comércio jurídico, não se vislumbra razão material para que tal cláusula ingresse no registo. Todavia, e atendendo a questões de praticabilidade jurisdicional, nada prejudicaria a sua publicidade, para efeitos de conhecimento pelo órgão de execução. É que, não havendo publicidade quanto à existência desta convenção, o impulso processual dado pelo credor no âmbito das providências executivas tendentes ao cumprimento coercivo da obrigação, podem (e ocorre diversas vezes) negligencia a existência deste acordo. Ou seja, as diligências processuais desenvolvidas pelo Agente de Execução – no âmbito da execução para cumprimento coercivo da obrigação -, acabam por negligenciar a existência desta convenção de limitação de responsabilidade patrimonial. Não falamos de um ato danoso praticado pelo Agente de Execução, pois este pode não ter conhecimento da existência deste acordo. Falamos, sim, de um ato de penhora puramente ilegal, por violação do disposto nos artigos 735º e 751º do Código de Processo Civil, e, também, do já mencionado artigo 602º do Código Civil. Daí que, possamos socorrer-nos, nessas situações, do disposto no artigo 858º do Código de Processo Civil, quando prescreve que, "*se a oposição à execução vier a proceder, o exequente, sem prejuízo da eventual responsabilidade criminal, responde pelos danos culposamente causados ao executado, se não tiver atuado com a prudência normal, e incorre em multa correspondente a 10 % do valor da execução, ou da parte dela que tenha sido objeto de oposição, mas não inferior a 10 UC, nem superior ao dobro do máximo da taxa de justiça*".

Em suma, não poderemos deixar de concluir pela eficácia *inter partes* que a convenção de limitação de responsabilidade patrimonial assume. Esta tese, acaba por ser sufragada pelo próprio legislador quando omite por completo a necessidade de anotação à inscrição desta cláusula. Não estando conexo com um ato ou facto sujeito a registo, parece clara a posição do legislador em não a sujeitar a qualquer obrigatoriedade de registo (de forma oficiosa e cumulativa). Todavia, questões de praticabilidade poderiam (e deveriam) admitir o seu ingresso no registo, levando a publicidade perante o Agente de Execução ou perante o próprio Tribunal da existência desta convenção e o afastamento ou indicação positiva do bem à penhora. Sufragamos esta tese de admissão e de ingresso no registo, pois tal não retira o efeito *inter partes* ao mencionado acordo, pois a falta de intervenção de terceiros não permite a sua eficácia *erga omnes*. Não admitir esta publicidade, transfere o ónus de oposição para o devedor/executado, obrigando-o a socorrer-se dos meios de reação à penhora, para efeitos de defesa e concretização dos seus direitos legalmente tutelados, sem prejuízo das ações de responsabilidade civil que possam derivar pelos danos que sejam causados pelo dolo ou negligência praticado pelo credor, ao omitir este acordo no requerimento executivo.

II
A Limitação de Responsabilidade Patrimonial por Vontade de Terceiros

1. Ponto de partida

O ponto de partida para um estudo coerente e sistémico acerca da limitação de responsabilidade patrimonial por convenção de terceiros, não pode deixar de ter por referência o disposto no artigo 603º, nº 1 do Código Civil. Segundo o mencionado preceito legal "*[o]s bens deixados ou doados com a cláusula de exclusão da responsabilidade por dívidas do beneficiário respondem pelas obrigações posteriores à liberalidade, e também pelas anteriores se for registada a penhora antes do registo daquela cláusula*", acrescentando que, "*[s]e a liberalidade tiver por objecto bens não sujeitos a registo, a cláusula só é oponível aos credores cujo direito seja anterior à liberalidade*".

Apresentando-se como um conjunto de premissas cuja complexificação permite o seu desdobramento em variadas dimensões, não poderemos deixar de referir que, a sua conformação funcional orienta-se segundo uma tríplice dimensão, designadamente: i) a dimensão material, ii) a dimensão cronológica e a iii) dimensão externa.

Vejamos cada uma delas separadamente:

2. Dimensão material

O pressuposto dimensional pelo qual se consagra a possibilidade de terceiros limitarem a responsabilidade patrimonial de determinado devedor, não pode deixar de exigir uma reflexão sob um *prisma material e objetivo*. Segundo esta dimensão material, a convenção de limitação de responsabilidade material configura-se como uma cláusula acessória, ou secundária ao contrato principal e face à prestação que integra a obrigação primária.

Como refere o legislador ordinário, esta declaração de vontade – cujo conteúdo é expressivo e vinculativo perante o devedor e os respetivos credores – é uma manifestação volitiva de vinculatividade unilateral. Através desta declaração de vontade, o autor da liberalidade pode condicionar a responsabilização patrimonial de determinado bem que passe a integrar o património do devedor, desde que esse bem seja transmitido com caráter de liberalidade para este último.

Contudo, não podemos deixar de referir que a dimensão material exige que identifiquemos um conjunto de pressupostos que são condição *sine quo non* para a perfeita validade da cláusula de limitação de responsabilidade patrimonial. Isto é, exige o mencionado preceito legal que o bem retirado de responsabilização por parte de terceiro seja aditado à esfera patrimonial do devedor por via de uma deixa testamentária ou de uma liberalidade por doação. Ou seja, pressupõe-se, assim, que a cláusula de limitação de responsabilidade apenas será materialmente eficaz se a transmissão do bem (ou bens) for operada através de um negócio jurídico gratuito, pelo que, *a contrario sensu,* afastam-se quaisquer negócios jurídicos onerosos, não sendo aqui possível a inclusão de tal cláusula de limitação de responsabilidade patrimonial[96].

Desde logo, importa referir que uma cláusula deste tipo obedece a um alcance restrito, pois o seu âmbito material subjuga-se aos bens deixados ou doados, os quais poderão ser limitados de responsabilidade. Tal consideração pressupõe que estas transmissões não sejam consideradas como previsíveis, como expetativas ou antecipações na esfera patrimonial do devedor, resultando assim numa liberalidade inesperada que não integra qualquer expetativa para os interesses dos credores[97]. É que, esta "blindagem" outorgada pela atribuição de impenhorabilidade permite que o testador ou o doador possa libertar os bens deixados ou doados do cumprimento das dívidas do devedor e que se encontram constituídas ao tempo da liberalidade. E embora a oponibilidade dessa cláusula de exclusão assuma natureza *erga omnes* e esteja condicionada ao seu efetivo, pretende-se salvaguardar a liberalidade feita, dando proeminência à vontade do autor da mesma em detrimento dos interesses creditícios dos credores.

Assim, por via desta libertação permitida ao autor da liberalidade, facilita-se e estimula-se a realização de liberalidades mesmo a favor de quem

[96] Francisco Pereira Coelho, *Direito das Obrigações,* Coimbra, Peltrony, 1967.

[97] Mário Júlio de Almeida Costa, *Direito das Obrigações,* Almedina, 2009, p.846.

esteja insolvente ou perto da insolvência, sem defraudar quaisquer expetativas dos credores, pois a esfera patrimonial do devedor seria a mesma caso esta liberalidade não tivesse lugar. A subtração de responsabilidade pelas dívidas existentes à data da liberalidade ou do registo permitirá ao autor da liberalidade assegurar-se que os bens deixados não irão ser penhorados ou apreendidos como resultado do(s) incumprimento(s) da(s) obrigação(ões) do devedor e beneficiário da liberalidade. Entre nós, esta tese foi sustentada por Pires De Lima e Antunes Varela[98], os quais afirmaram que, "a cláusula de irresponsabilidade está sujeita a limitações, como resulta deste artigo. O testador ou doador apenas pode excluir da responsabilidade os bens deixados ou doados, em relação às dívidas existentes ao tempo da liberalidade. Não fazia, efetivamente, sentido que pudesse ser criado, por terceiro, em relação a certos bens, o privilégio permanente da irresponsabilidade. O que se justifica é que o testador ou o doador possa libertar os bens deixados ou doados do cumprimento das dívidas existentes. Não se prejudicam os credores, desde que está na plena liberdade do autor da liberalidade fazê-la ou não fazê-la e fomentam-se as deixas em benefício dos insolventes. Sem a possibilidade desta cláusula, ninguém se disporia, na verdade, a deixar ou doar bens sujeitos a imediata execução".

Dessarte, e considerando tudo o sobredito, exige a dimensão material que o autor da liberalidade ou da deixa testamentária consagre expressamente que é sua vontade a redução do bem objeto de liberalidade à responsabilidade patrimonial do devedor e beneficiário da mesma, dispensando a possibilidade, para efeitos da qualidade subjetiva, que este beneficiário seja herdeiro legítimo, legitimário, testamentário ou legatário, já que, neste conspecto, se deverá relevar o princípio, incontornável em sede de interpretação e aplicação da lei, de que onde a lei não faz distinção, também o intérprete a não deve fazer. É que, referindo apenas a lei que os bens deixados ou doados podem ser retirados de responsabilidade pelas dívidas do beneficiário, quis expressamente o legislador que se atendesse à vontade do autor da liberalidade, e não há qualidade do beneficiário. E, é nesta premissa que entronca a ideia de que, a cláusula que restrinja a responsabilização dos bens deixados ou doados por parte de terceiros deve fazer referência a um bem (ou bens) concreto(s), não podendo estar

[98] Pires De Lima, Antunes Varela, *Código Civil Anotado – Volume I*, Coimbra, Coimbra Editora, 2011.

perante uma universalidade de bens *ex ante* ou *ex post,* nem perante uma determinação genérica.

3. Dimensão cronológica

Em segundo lugar, a limitação da responsabilidade patrimonial do devedor operada segundo uma declaração de vontade de terceiro exige-nos o seu estudo segundo uma dimensão essencialmente *cronológica.*

Todavia, esta dimensão cronológica conduz-nos a que, a sua compreensão seja feita segundo uma dupla consideração, nomeadamente: *i)* quanto ao momento de constituição das obrigações do devedor e beneficiário dos bens deixados ou doados; *ii)* e quanto ao momento em que deve ser emanada a declaração de vontade por parte do autor da liberalidade em retirar os mencionados bens da responsabilidade patrimonial do devedor.

Contudo, em toda realidade material apresentada, referimos que a cláusula de exclusão de responsabilidade surge como uma declaração de formação complexa e de sobreposição derivada da vontade de deixar ou doar determinado(s) bem(ns) a outrem. Isto porque, conforme parece apontar o artigo 603º, nº 1 do Código Civil, os bens deixados ou doados com a cláusula de exclusão da responsabilidade por dívidas do beneficiário *respondem pelas obrigações posteriores à liberalidade, e também pelas anteriores se for registada a penhora antes do registo daquela cláusula.* Ou seja, tudo parece apontar que a declaração de vontade em que se restrinja a responsabilidade do bem deixado ou doado deve acompanhar a liberalidade, pois, apesar de o mesmo responder, apenas, por obrigações constituídas após a liberalidade, nada obsta que o mesmo venha responder se, entre o hiato de tempo da liberalidade e do registo da mencionada cláusula de exclusão de responsabilidade, for registada uma penhora.

Parece, aqui, que quis o legislador ordinário garantir a segurança do comércio jurídico e a salvaguarda das expetativas dos próprios credores, pois imaginemos que, no caso de liberalidades cujo objeto sejam bens sujeitos a registo e que, portanto, devam ser obrigatoriamente registadas, não sejam acompanhadas da mencionada cláusula e, assim, a mesma não seja registada. Ficaria, aqui, claramente comprometida a salvaguarda de futuros credores, os quais poderiam ter a expetativa de serem ressarcidos, em caso de incumprimento pelo devedor, através do mencionado bem imóvel ou móvel sujeito a registo. A eventual sonegação desta cláusula, ou mesmo a sua constituição posterior, frustraria os interesses dos credores e consequentemente originaria uma fragmentação do próprio comércio jurídico, contrariando os ditames da boa-fé e das obrigações originadas pelas relações jurídicas estabelecidas.

Todavia, e considerando o referido, não podemos deixar de afirmar que, a mencionada declaração de limitação de responsabilidade de certos bens pode ser posterior à formação da relação jurídica-obrigacional constituída e à qual não pode deixar de estar associada. Nada impede que o negócio jurídico pelo qual as partes restringem a responsabilização de certos bens ou património pelo (in)cumprimento da obrigação concreta seja contemporâneo ou posterior ao negócio principal[99]. Nada impede que as partes, dentro liberdade negocial de que gozam, modifiquem o teor e conteúdo objetivo da relação jurídica obrigacional, atendendo a novos factos supervenientes que considerem relevantes. Falamos, como referimos *supra*, de uma declaração negocial unilateral acessória, pelo que nada obsta que a mesma seja emanada em momento posterior ao negócio principal, não sendo a unicidade do negócio jurídico colocada em causa. Neste sentido, veja-se que o próprio legislador deixou esta possibilidade em diversas normas jurídicas. Por exemplo, veja-se o consagrado nos artigos 221º e 222º, ou no artigo 394º, todos do Código Civil[100]. Por isso, nada obsta a que a declaração seja emanada posteriormente ao acordo ou contrato inicial, ressalvando-se, contudo, questões de ordem pública e de salvaguarda por direitos fundamentais e princípios jurídicos que não permitem a formalização cronológica desta declaração. A unidade do sistema jurídico impõe que as partes possam convencionar, em qualquer momento, quais os bens que pretendem excluir ou incluir na responsabilidade das obrigações do devedor, mas, contudo, impõem-se certos limites, considerados intransponíveis, e que suscitam barreiras cronológicas que são exigidas por força da unidade do sistema jurídico.

Deste modo, pressupõe-se que exista uma declaração expressa por parte do autor da herança, o qual, por via testamentária, legará determinado bem concreto ao devedor, mas excluindo-o, *ab initio* ou posteriormente, de

[99] Pires De Lima, Antunes Varela, *Código Civil Anotado – Volume I*, Coimbra, Coimbra Editora, 2011.

[100] José de Azeredo Perdigão, "O Princípio da Autonomia da Vontade e as Cláusulas Limitativas da Responsabilidade Civil – Noções Gerais", *in Comunicação ao Instituto da Conferência da Ordem dos Advogados*, p.29, disponível em *https://portal.oa.pt/upl/%7B33084DF8-84BA-4DAD-806E-830BD73CDD77%7D.pdf*, consultado em 10.07.2022.

qualquer responsabilidade pelas dívidas existentes à data da efetivação da liberalidade. Ou seja, deverá refletir-se que, essa limitação da responsabilidade patrimonial por determinação de terceiro relativamente aos bens deixados é apenas oponível aos titulares de créditos anteriores a essa liberalidade, os quais, fundadamente, não podiam, aquando da constituição dos créditos respetivos, contar com uma liberalidade feita, no futuro, ao seu devedor[101]. Daí que, o alcance desta previsão normativa seja, apenas, a de que esses bens não possam responder por dívidas anteriores à liberalidade, isto desde que a respetiva cláusula (tratando-se de bens sujeitos a registo) seja registada antes da penhora. Por isso, uma penhora que seja registada no bem deixado ou doado, antes do registo da mencionada cláusula de impenhorabilidade, será válida se, à data do registo da penhora, o bem imóvel ou móvel sujeito a registo constava no registo como pertencendo ao devedor, e não constava desse mesmo registo a anotação da mencionada cláusula de exclusão de responsabilidade.

4. Dimensão externa

Por último, a cláusula de limitação de responsabilidade patrimonial do devedor por vontade de terceiro pode ser concebida segundo uma *dimensão externa*.

Dir-se-á, essencialmente, que a convenção sobre a limitação de responsabilidade patrimonial projeta os seus efeitos jurídicos no(s) negócio(s) jurídico(s) identificados no acordo celebrado entre as partes. Considerando o disposto no nº 1 e nº 2 do artigo 603º do Código Civil, os bens deixados ou doados com a cláusula de exclusão da responsabilidade por dívidas do beneficiário respondem pelas obrigações posteriores à liberalidade, e também pelas anteriores *se for registada a penhora antes do registo daquela cláusula*, sendo que, *se a liberalidade tiver por objeto bens não sujeitos a registo, a cláusula só é oponível aos credores cujo direito seja anterior à liberalidade.*

O caráter de eficácia que carateriza esta declaração de vontade assume, aqui, um efeito complexo. Isto é, a eficácia da cláusula de limitação de responsabilidade por bens deixados ou doados por terceiros, no caso de bens móveis sujeitos a registo ou bens imóveis, depende, sempre, do seu ingresso no registo competente. Entendendo que a "cláusula de impenhorabilidade" é uma declaração cujo conteúdo é desenvolvido mediante um

[101] Mário Júlio de Almeida Costa, *Direito das Obrigações*, Almedina, 2009, p.846

processo de formação complexo e sucessivo, o registo, embora vinculado a uma base material preexistente, tem valor declarativo especial, pois o mesmo procura a publicitação de uma limitação de responsabilidade por dívidas do devedor[102]. Não se exige que o negócio jurídico seja registado para ser válido, mas a cláusula de impenhorabilidade não poderá deixar de ser configurada como sucedânea e, portanto, a mesma só se última quando o registo dela se concretiza.

Deste modo, o exigido registo da cláusula de impenhorabilidade dos bens imóveis, ou móveis sujeitos a registo, constitui um pressuposto legal para a sua efetiva existência, pois é sucessivo da sua existência e da sua validade perante terceiros. A exigência externa que avalia a validade da mencionada cláusula é distinta à cláusula de limitação de responsabilidade entre as partes, consagrada normativamente no artigo 602º do Código Civil, pois nesta, a mencionada limitação apresenta efeitos *inter partes*. Contrariamente, a cláusula de limitação de responsabilidade por terceiros, prevista no artigo 603º do Código Civil, apresenta efeitos *erga omnes*, ou seja, a sua validade e eficácia desenvolve-se segundo uma lógica de oponibilidade a terceiros. Não se restringe a eficácia entre o autor da liberalidade e o beneficiário, mas, pelo contrário, pretende-se uma eficácia mais ampla e que se desenvolva mediante um espetro indeterminado, geral e abstratamente complexo.

Por isso, e atentos ao teor do disposto no artigo 603º do Código Civil, a convenção exterioriza-se segundo uma dualidade de pressupostos:

i) *a necessidade de uma declaração de vontade do autor da liberalidade em retirar o bem deixado ou doado da esfera de responsabilidade do beneficiário;*

ii) *no caso de bens imóveis ou móveis sujeitos a registo, a mencionada cláusula deve obrigatoriamente ingressar no registo competente.*

[102] É que, o registo predial, em regra, não tem valor constitutivo, por não garantir de modo definitivo a titularidade do direito inscrito, mas simples valor declarativo ou enunciativo, apenas assegurando a quem adquire direitos de certa pessoa sobre um prédio que esta não realizou atos suscetíveis de prejudicar o mesmo adquirente. J.A. Mouteira Guerreiro, *Temas de Registos e de Notariado*, Coimbra, Almedina, 2010, p.31; Maria Raquel Alexandre, *A Acção Executiva, Alguns aspectos práticos relativo ao regime do registo da penhora de imóvel, BRN – Boletim dos Registos e do Notariado nº 8/2003*, 2013, p.15, disponível em *https://www.irn.mj.pt*, consultado a última vez em 19.01.2023.

A legitimidade atribuída ao autor da liberalidade na suscetibilidade de convencionar se os bens deixados ou doados respondem pelo incumprimento das obrigações do beneficiário, relevará, assim, externamente se reunidos ambos os pressupostos. Certo é que, de facto, o legislador faz depender o registo da mencionada cláusula à sua validade externa, e daí que, falemos de uma cláusula de formação complexa e sucessiva, pois como referem Pires De Lima e Antunes Varela[103], "mesmo em relação às dívidas existentes, a parte final do n.°1 estabelece uma restrição. Tratando-se de bens imóveis ou de móveis sujeitos a registo, é necessário o registo daquela cláusula antes que recaia sobre esses bens alguma penhora e esta seja registada. De contrário, os bens doados ou deixados responderão, a despeito da cláusula, não só pelas dívidas posteriores, mas também pelas anteriores cujo credor tenha registado a penhora antes do registo da cláusula".

Prima facie, veja-se que o nº 1 do artigo 603º do Código Civil, refere expressamente que os bens deixados ou doados só respondem pelas dívidas posteriores ao registo da mencionada cláusula, ou pelas anteriores se for registada a penhora antes do registo daquela cláusula. A exigência de registo desta cláusula é perentória, obrigando que do registo de aquisição sobre bens imóveis ou móveis sujeitos a registo conste a existência de eventuais cláusulas de limitação de responsabilidade patrimonial. Neste sentido, o artigo 94º do Código do Registo Predial é taxativo, e obriga a que, do extrato das inscrições constarão obrigatoriamente as cláusulas que excluam da responsabilidade por dívidas o beneficiário de bens doados ou deixados.

Ora, esta situação não é aquela que as partes determinem, de forma recíproca e segundo um acordo bilateral de vontades, a subtração de determinados bens de responsabilidade. Estamos, sim, perante a declaração unilateral de restrição de responsabilidade dos bens deixados ou doados, cujo regime consta do artigo 603º do Código Civil. Por isso, a obrigatoriedade de ingresso no registo desta cláusula de responsabilidade no registo predial, leva-nos a afirmar, sem hesitações, que foi clara a intenção do legislador e traduz os efeitos do registo e a sua oponibilidade *erga omnes.* A necessidade de publicidade perante a intervenção de credores do bene-

[103] Pires De Lima, Antunes Varela, *Código Civil Anotado – Volume I,* Coimbra, Coimbra Editora, 2011.

ficiário, a procura pela salvaguarda do comércio jurídico e a prejudicialidade dos efeitos perante uma falta de registo desta cláusula, exige que a mesma seja publicitada para ser válida e oponível a terceiros, pois apenas, assim, os credores poderão saber que o bem que ingressou na esfera patrimonial do devedor está "blindado" por vontade de terceiro, *in casu*, o autor da liberalidade. Daí que, o bem deixado ou doado apenas seja subtraído de responsabilidade e apenas esteja protegido perante as obrigações constituídas antes da liberalidade e do seu registo, por aquelas cujo registo de penhora seja feito entre o hiato de tempo da celebração do negócio jurídico e o seu posterior registo.

Todavia, no caso de bens não sujeitos a registo, tal problemática não se coloca, pois, o caráter taxativo dos atos e factos sujeitos a registo impostos por via normativa, retira, também, o caráter de obrigatoriedade de registo de tal cláusula. Daí que, o legislador tenha previsto que, se a liberalidade tiver por objeto bens não sujeitos a registo, *a cláusula só é oponível aos credores cujo direito seja anterior à liberalidade*. Por isso, questões probatórias poderão originar problemáticas segundo uma lógica de oponibilidade desta cláusula perante terceiros. Se o registo desta cláusula permite ao seu titular invocar os seus efeitos contra terceiros depois da data do respetivo registo, a falta de registo em bens não sujeitos a registo, suscitará problemas de publicidade e de eficácia perante terceiros. Por isso, restará, apenas, ao titular do bem não sujeito a registo, para efeitos de validade e eficácia da mencionada cláusula, a comprovação material da verdade existente, nomeadamente através da reconstrução da realidade através dos meios probatórios comuns que o Direito coloca ao seu dispor, designadamente os meios de prova documental ou testemunhal, cabendo, posteriormente, ao julgador, à luz da livre apreciação da prova, decidir em conformidade com a veracidade das provas apresentadas.

III
A Cláusula de Cessão de Bens Enquanto Disposição Limitativa da Responsabilidade

1. Introdução

O poder autorregulatório atribuído por força do princípio da autonomia privada das partes expressa-se mediante um conjunto heterogéneo de possibilidades que repercutem nas vicissitudes da relação jurídica obrigacional constituída. Falamos na função do Direito atribuir a faculdade das partes convencionarem e modelarem a estrutura interna dos contratos que pretendem celebrar, designadamente através da redação de cláusulas distintas, designadamente, condições resolutivas como forma de antecipação do incumprimento, cláusulas sancionatórias que procuram ilidir o incumprimento através da imposição de sanções preventivas, ou formas alternativas de cumprimento que indiretamente procuram o escopo da obrigação vinculada.

Todavia, uma possibilidade imposta pela vontade das partes, e que acaba por ter repercussões ao nível da responsabilidade patrimonial, sobressai enquanto instituto jurídico atípico. Falamos do instituto da cessão de bens ao(s) credor(es), previsto normativamente no artigo 831º do Código Civil.

O instituto jurídico da cessão de bens ao(s) credor(es) estabelece um conjunto de normas jurídicas – de natureza eminentemente mista, entre o mandato e a garantia especial das obrigações[104] -, que permite ao devedor obter uma verdadeira capacidade de limitação da responsabilidade sobre certos bens, pois, através da vontade das partes, os bens cessionados ficam

[104] Pires De Lima, Antunes Varela, *Código Civil Anotado – Volume II*, Coimbra, Coimbra Editora, 2011, p.116; Mário Júlio de Almeida Costa, *Direito das Obrigações*, Almedina, 2009, p.1083.

na indisponibilidade de transmissão (voluntária ou coerciva) do devedor, mas também subtraindo-os de responsabilidade por dividas posteriores à cessão dos bens.

Vejamos, assim, esta figura jurídica e as suas vicissitudes e dimensões concretas.

2. Enquadramento normativo e concetual

A cessão de bens ao(s) credor(es) (*cessio bonorum*) encontra-se prevista normativamente como um instituto de direito substantivo, estabelecendo o artigo 831º do Código Civil, que, *dá-se a cessão de bens aos credores quando estes, ou alguns deles, são encarregados pelo devedor de liquidar o património deste, ou parte dele, e repartir entre si o respetivo produto, para satisfação dos seus créditos*[105].

Porque uma abordagem teórica envolve conceitos e delimitações concetuais próprias, não poderíamos faltar com o ancoramento discursivo (ainda que breve) sobre o instituto jurídico da *cessão de bens do devedor aos credores*. E, neste sentido, uma primeira aproximação leva-nos a afirmar que este instituto jurídico desenvolve-se mediante a projeção de um verdadeiro negócio jurídico celebrado entre o devedor e o(s) credor(es), a fim de (estes) evitar(em) o recurso aos meios jurisdicionais comuns (*v.g.* pro-

[105] Da mesma forma, estabelece o artigo 1175º do Código Civil Espanhol, que, "*el deudor puede ceder sus bienes a los acreedores en pago de sus deudas. Esta cesión, salvo pacto en contrario, sólo libera a aquél de responsabilidad por el importe líquido de los bienes cedidos*". Do ponto de vista da comparação, deve ser feita uma discussão separada para o sistema jurídico alemão que, como é sabido, não tem o instituto da cessão de bens do devedor, dentro do seu sistema jurídico. Esta ausência, dada a estreita ligação da lei alemã com a lei romana, parece singular, mas, numa observação mais atenta, acaba por confirmar a visão procedimentalista e contextualmente benéfica que os romanos tinham da *cessio bonorum*. Tanto é assim que no atual sistema alemão, não existem instituições diretamente referenciáveis nem ao *cessio bonorum* romanista, nem à atribuição de bens de outras experiências europeias. Mesmo na *Insolvenzordnung*, de facto, não existe tal instituição, com exceção do disposto nos §§ 217 e seguintes da citada lei de falências. Segundo este último, em resumo, o devedor também está autorizado, ainda dentro do processo de falência, a propor um *Insolvenzplan*, no qual pode prever um método de satisfação dos credores diferente daquele indicado pela própria lei da falência, mas ainda baseado em toda a massa falida adquirida pelo liquidatário. No que diz respeito ao direito alemão, no entanto, não se pode esquecer que ele prevê expressamente no § 185 BGB que um ato de disposição realizado sobre um bem por uma pessoa que não é o proprietário do direito é eficaz se ocorrer com o consentimento do proprietário. Esta referência legal poderia ser a base para a admissibilidade da cessão voluntária de bens aos credores, mas parece ser discutível que o conceito de insolvência excessivamente antecipado proporcionado pela *Insolvenzordnung*.

cesso executivo e o processo de insolvência)[106]. Na sua génese está, assim, uma convenção entre as partes, através da qual o desiderato finalístico é o cumprimento da obrigação, mediante a sub-rogação de direitos de que o devedor é titular sobre determinados bens. Ou seja, procura-se a venda dos bens do devedor para, através do seu produto, o(s) credor(es) ser(em) ressarcido(s). Mas, este ressarcimento assenta numa convenção entre as partes, constituindo, em certa medida, uma garantia especial dos credores sobre os bens do devedor. Compreende-se, assim, que tenha sido integrada a meio caminho entre a garantia especial das obrigações e as medidas coativas de ressarcimento da obrigação devida.

Por outro lado, entende-se como uma tendencial novação negocial, pois a obrigação jurídica transmuta-se no cumprimento da obrigação originária por via da liquidação dos bens cedidos. Esta "tendencialidade" resulta na circunstância de a obrigação originária manter-se intacta, pois a mesma não é extinta e transmutada numa obrigação derivada distinta. Pelo contrário, estamos perante o interesse na obrigação originária, sendo que o cumprimento desta será, contudo, conseguido por via do desenvolvimento contratual do negócio jurídico celebrado. O ónus que é transferido para o credor a fim de administrar e alienar os bens cedidos para transferência do produto aos credores torna o instituto da cessão de bens do devedor um regime cujas vicissitudes materiais revelam-se heterogéneas e repercutem nas prestações que integram o negócio jurídico celebrado.

* * *

Por outro lado, tem-se discutido na doutrina sobre a função deste instituto da cessão de bens do devedor. Numa primeira aproximação, parece-nos que o instituto da cessão de bens do devedor, conforme consagrado no direito português, tem uma função eminentemente liquidativa. Com uma síntese vigorosa, pode-se dizer que na Itália – fonte dogmática da codificação deste instituto[107] – a atribuição, pelo menos sob o Código Civil Italiano

[106] Nas palavras de MENEZES CORDEIRO, "apesar desta formulação apontar para um negócio jurídico unilateral, deve ficar claro que a cessão requer um acordo dos credores, operando, nessa medida, por contrato". ANTÓNIO MENEZES CORDEIRO, *Tratado de Direito Civil Português Vol.II – Direito das Obrigações Tomo IV*, Coimbra, Almedina, 2010, p.539.

[107] ANTÓNIO MENEZES CORDEIRO, *Tratado de Direito Civil Português Vol.II – Direito das Obrigações Tomo IV*, Coimbra, Almedina, 2010, p.539.

de 1942[108], marca uma função substancialmente liquidativa, tendo o nosso legislador seguido este regime jurídico. Porém, fazendo uma leitura de direito comparado, podemos ver que não foi uma função homogeneamente adotada. Em França, e consequentemente também para a Espanha, a cessão de bens do devedor tem uma função essencialmente satisfatória. É precisamente olhando para a disciplina transalpina que se torna mais fácil de compreender, provavelmente também devido a uma espécie de matricialidade ao Código Napoleónico, as posições daquela parte da doutrina interna que tem continuado a apoiar a mera e exclusiva função satisfatória da cessão de bens, a ponto de classificá-la entre os meios de extinção da obrigação.

E esta última premissa apresenta-nos uma segunda aproximação, através da qual, dir-se-á que, não estamos longe da finalidade do processo executivo ou do processo de insolvência, apresentando-se como um regime análogo ao do Código Italiano, procurando-se a liquidação dos bens para satisfação dos interesses creditícios. Contudo, devem ser evidenciadas as diferenças: em primeiro lugar, a cessão de bens ao devedor pressupõe um acordo voluntário, afastando medidas coativas inerentes aos processos jurisdicionais mencionados; em segundo lugar, é nesta voluntariedade que o devedor cede os bens, escolhidos para o efeito, para que o(s) credor(es) procedam à sua venda. Deste modo, percebe-se as palavras de ALMEIDA COSTA[109], quando assertivamente afirma que a cessão de bens "representa um meio de se obter a satisfação dos credores sem necessidade de recurso à execução judicial e à declaração de insolvência do devedor". Evidencia-se, claramente, que a cessão de bens do devedor é um instituto alternativo e de analogia aos processos jurisdicionais destinados a obter o cumprimento coativo da obrigação, aferindo-se dogmaticamente como um mecanismo de natureza extrajudicial, mas, com as destrinças já referidas *supra*. Isto porque, nem sempre, as partes desejam o recurso a meios socialmente adversos, por vezes morosos, e dispendiosos, como são os modelos clássicos de ressarcimento coativo da(s) obrigação(ções), permitindo-se, assim, uma alternativa eficiente e pacífica[110].

[108] Refere o artigo 2649 do Código Civil Italiano, que "*deve essere trascritta, qualora comprenda beni immobili, la cessione che il debitore fa dei suoi beni ai creditori, perché questi procedano alla liquidazione dei medesimi e alla ripartizione del ricavato*".

[109] MÁRIO JÚLIO DE ALMEIDA COSTA, *Direito das Obrigações,* Almedina, 2009, p.1084.

[110] Por outro lado, dir-se-á que é um instrumento de negociação que, extrajudicialmente, permite salvaguardar o valor dos bens do devedor e, por conseguinte, a satisfação dos créditos

Pelo exposto, diremos que a *cessão de bens do devedor*, não é mais que o resultado de um produto de vontades das partes integrantes de uma (ou mais) relação jurídica obrigacional. Através da manifestação destas vontades, o credor fica munido de uma garantia sobre determinados bens do devedor, para, em caso de incumprimento deste, ser ressarcido mediante o produto da sua venda. Contudo, a base desta legitimidade de alienação assenta na vontade negocial das partes, as quais, através da sua autonomia de vontade, manifestam quais, como e de que forma pretendem ver a obrigação cumprida. Ou seja, se através do cumprimento da obrigação inicialmente convencionada, ou através de um instituto que permite ao credor fazer seus os créditos e o produto da venda dos bens do devedor, por conta do respetivo *quantum debeatur*.

3. Dimensão material da cessão de bens enquanto limite convencional à responsabilidade patrimonial

A cessão de bens do devedor configura-se, paralelamente à dação em pagamento, como uma forma alternativa de cumprimento da obrigação previamente constituída, sem, contudo, se imiscuir na materialidade subjacente a esta forma de extinção da obrigação[111]. Enquanto na dação em pagamento, o devedor procura exonerar-se da obrigação através do cumprimento sub-rogado de outro direito, na cessão de bens do devedor procura-se que seja o credor a liquidar o património do devedor para fazer seus os produtos obtidos, e, consequentemente, exonerá-lo da sua obrigação[112]. Também não se confundirá com a simples cessão de créditos, pois nesta existe um contrato pelo qual o credor transmite a terceiro, independentemente do consentimento do devedor, a totalidade ou uma parte do seu crédito, traduzindo-se na substituição do credor originário por outra pessoa, mas sem

dos credores. A identificação dos interesses privados (do devedor e dos credores cessionários com seus respetivos graus), como base do contrato de cessão, não significa, de forma alguma, excluir a relevância do interesse e o cuidado do interesse superior, que neste caso é a garantia patrimonial.

[111] Não poderá deixar de se compreender como dação em função do cumprimento, e não como cessão de bens ao credor, quando o negócio jurídico envolva a cedência de bens concretos e individualmente delimitados. Luís Menezes Leitão, *Direito das Obrigações. Vol.II – Transmissão e Extinção das Obrigações. Não cumprimento e garantias do crédito*, 6ª Edição, Coimbra, Almedina, 2008, p.321; Mário Júlio de Almeida Costa, *Direito das Obrigações*, Almedina, 2009, p.1084.

[112] Mário Júlio de Almeida Costa, *Direito das Obrigações*, Almedina, 2009, p.1086.

produzir a substituição da obrigação antiga por uma nova, mantendo-se inalterados os restantes elementos da relação obrigacional, com a única modificação subjetiva que consiste na transferência do lado ativo da relação obrigacional[113].

A doutrina considera-a como uma garantia especial das obrigações[114], contudo, com particularidades e vicissitudes próprias que a convertem numa figura atípica com semelhanças, também, ao próprio mandato sem representação. Como refere MENEZES LEITÃO[115], "uma vez que reforça a posição dos credores que nela são envolvidos, constitui igualmente uma garantia especial das obrigações". Contudo, diremos que se trata de um instituto de natureza híbrida, pois a verdade é que os bens cedidos poderão ser utilizados pelo(s) credor(es), de forma especial, para obter através dos mesmos o ressarcimento dos danos causados e o cumprimento da obrigação devida, podendo o produto advir do produto da venda, ou da mera administração dos bens. Daí que não se possa adotar, apenas, pela tese liquidatória da cessão de bens do devedor. Veja-se que, este instituto jurídico corresponde a um exercício consensual da responsabilidade patrimonial do devedor, já que este cede os seus bens para que os credores exerçam o poder de administração e disposição do património por forma a obter o pagamento dos seus créditos, evitando-se as medidas coativas de natureza jurisdicional para obter este cumprimento, e, se possível, a liquidação do património para satisfação dos créditos do(s) credor(es).

Neste sentido, diremos que, em sentido técnico, não se desenvolve como um contrato real *quoad effectum*. Isto porque, com a cessão de bens ao credor não opera qualquer transmissão da propriedade dos bens para estes últimos. Pelo contrário, antes produz efeitos meramente obrigacionais. Os bens permanecem na esfera jurídica do devedor, embora se limitem os seus poderes sobre os bens em causa, reduzindo-os à fiscalização da atu-

[113] Acórdão do Supremo Tribunal de Justiça de 07.09.2021, Processo nº 348/16.2T8BJA-A.E1.S1, Relatora Conselheira Maria Clara Sottomayor, disponível em *http://www.dgsi.pt.*

[114] LUÍS MENEZES LEITÃO, *Direito das Obrigações. Vol.II – Transmissão e Extinção das Obrigações. Não cumprimento e garantias do crédito,* 6ª Edição, Almedina, Coimbra, 2008, p.321; PIRES DE LIMA, ANTUNES VARELA, *Código Civil Anotado – Volume II,* Coimbra, Coimbra Editora, 2011, p.116; INOCÊNCIO GALVÃO TELLES, *Aspectos comuns aos vários contratos: expropriação de motivos referente ao título do futuro código civil português sobre contratos em especial,* Sep. da Rev. da Faculdade de Direito da Universidade de Lisboa, V.7, 1950, p.89.

[115] LUÍS MENEZES LEITÃO, *Direito das Obrigações. Vol.II – Transmissão e Extinção das Obrigações. Não cumprimento e garantias do crédito,* 6ª Edição, Almedina, Coimbra, 2008, p.321.

ação dos credores e à exigência de prestação de contas (cfr. artigo 834º, nº 2 do Código Civil).

Por outro lado, a cessão dos bens do devedor restringe a possibilidade de serem instauradas ações de natureza executiva que tenham como desiderato a excussão do património do devedor para cumprimento coercivo da obrigação. Ou seja, a partir do momento em que a cessão é celebrada, apenas os titulares dos créditos anteriores podem executar esses bens até à data da sua alienação. Neste sentido, dispõe o artigo 833º do Código Civil, que "a cessão não impede que os bens cedidos sejam executados pelos credores que dela não participam, enquanto não tiverem sido alienados; não gozam de igual direito os cessionários nem os credores posteriores à cessão".

Esquematicamente quem pode executar o património do devedor:

Contudo, coloca-se a questão de saber se os credores cessionários poderão executar outros bens, para além daqueles que tiverem sido cedidos?

A resposta a esta questão parece-nos, atendendo ao teor literal do preceito, afirmativa, pois nada impede, no sentido literal da lei, que os cessionários possam socorrer-se dos meios jurisdicionais comuns para executar os bens excluídos pela limitação convencional operada pela cessão de bens do devedor. Tal entendimento, parece-nos, assim, contrário à própria Constituição da República Portuguesa, e ao preceituado no artigo 20º, plasmando o direito fundamental de garantia e acesso aos tribunais[116]. É que,

[116] O chamado "*direito à tutela jurisdicional efetiva*" é uma norma-princípio de natureza constitucional que resulta enquanto expressão do Estado de Direito Democrático. Do preceito constitucional decorre uma verdadeira sistematização lógica do monopólio de solução de conflitos pelos órgãos do Estado, pelo que, encontramos um conjunto de premissas que devem ser apontadas, e as quais não podem ser esquecidas. Em primeiro lugar, impende sobre o legislador ordinário o dever de assegurar os processos e os instrumentos jurisdicionais destinados a assegurar os direitos e interesses legalmente protegidos dos cidadãos. Esses processos devem ser céleres e eficientes, de modo a permitir a concretização e a defesa dos

um acordo desta natureza, seria estabelecer uma limitação convencional das partes no acesso aos meios jurisdicionais destinados à resolução dos litígios e consequentemente à frustração na reposição da verdade material e a reparação do direito material violado. Ou seja, seriam esvaziados, por completo, as faculdades constitucionais de acesso à justiça e, consequentemente, seria violado o direito à tutela jurisdicional efetiva. Entre nós, CASTRO MENDES e MIGUEL TEIXEIRA DE SOUSA[117] têm afirmado que "do silêncio da lei parece resultar uma resposta afirmativa, embora deva ser ponderada a possibilidade de esses credores, ao executarem o devedor em vez de liquidarem os bens cedidos, fazerem do processo executivo um uso manifestamente reprovável e de, portanto, actuarem de má fé (art.542º, nº 2, al.d))".

Assim, celebrada a cessão de bens do devedor, esta produzirá os seguintes efeitos:

I. Quanto aos credores:

a. Segundo o disposto no artigo 834º, nº 1 do Código Civil, estes poderão administrar os bens do devedor, retirando os seus frutos e, inclusive, podendo aliená-los;

b. Não poderão ser executados por parte dos credores que participem na cessão dos bens, ficando, assim, limitada por via convencional os bens cedidos, ainda que estes possam, por si, aliená-los livremente (cfr. artigo 833º do Código Civil);

c. Através da administração dos bens cedidos, os credores podem fazer seus o produto da liquidação obtida com a venda dos bens (cfr. artigo 831º do Código Civil);

II. Quanto ao devedor:

a. A cessão dos bens retira ao devedor o poder de administração e de disposição sobre os bens cedidos, ficando este esvaziado destes

direitos substantivos tutelados e consagrados; em segundo lugar, a CRP adota uma verdadeira imposição que acarreta que os direitos e interesses legalmente protegidos dos sujeitos devem ser protegidos e tutelados, obtendo-se um verdadeiro arsenal que visa acautelar a posição dos cidadãos. J.J. CANOTILHO, VITAL MOREIRA *Constituição da República Portuguesa Anotada, Volume I,* Coimbra, Coimbra Editora, 2007, p.409.

[117] JOÃO DE CASTRO MENDES, MIGUEL TEIXEIRA DE SOUSA, *Manual do Processo Civil – Volume II,* Lisboa, AAFDL Editora, 2022, p.731.

poderes, os quais são transmitidos ao(s) cessionário(s) (cfr. artigo 834º, nº 1 do Código Civil;

b. Detém o direito de fiscalização sobre a gestão dos credores, e tem o direito à prestação de contas no fim da liquidação ou, se a cessão se prolongar por mais de um ano, no termo de cada ano (cfr. artigo 834º, nº 2 do Código Civil);

c. O devedor fica liberado das suas obrigações em face aos seus credores, a partir do recebimento da parte que a estes compete no produto da liquidação, e na medida do que receberam (cfr. artigo 835º do Código Civil);

d. Poderá, a qual momento, liberar-se da cessão de bens, retornando o poder de administração e alienação sobre os bens cedidos, sempre que cumpra a obrigação a que estava adstrito (cfr. artigo 836º do Código Civil);

III. Em relação a terceiros:

a. O facto de a cessão de bens estar sujeita a registo (cfr. artigo 2º, nº 1 alínea g) do Código do Registo Predial), outorga ao contrato efeito *erga omnes,* dando-se publicidade perante terceiros que o facto existe nos termos registado, e outorgando-se verdadeiros direitos subjetivos que são oponíveis a terceiros e que deve ser respeitado por todos;

b. Os credores que participem na cessão e os credores posteriores à cessão estão impedidos de executar os bens do devedor, limitando-se assim a responsabilidade destes (cfr. artigo 833º do Código Civil);

c. É inoponível a credores anteriores à cessão, que nela não tenham participado (cfr. artigo 833º do Código Civil)[118].

Em suma, a dimensão material apresenta-se como o conjunto de efeitos jurídicos internos que são despoletados com a celebração deste negócio jurídico, permitindo a satisfação dos créditos do credor, ainda que em prejuízo do património direto do devedor, mas sem recurso a mecanismos coativos que permitam executar todo o património do devedor e onerar a sua garantia patrimonial em excesso. Contudo, os efeitos jurídicos deste

[118] António Menezes Cordeiro, *Tratado de Direito Civil Português Vol.II – Direito das Obrigações Tomo IV,* Coimbra, Almedina, 2010, p.540.

instituto jurídico apresentam uma componente externa forte e sujeita a formalidades especificas, pelo que se torna necessário apresentar a dimensão formal que concretize esta dimensão material e, consequentemente, os efeitos jurídicos pretendidos pelas partes (e pelo ordenamento jurídico).

4. Dimensão externa (ou formal)

A dimensão externa (ou formal) do negócio jurídico que carateriza a cessão de bens ao credor exige que as partes, para perfeita validade do mesmo, adotem uma solenidade concreta e requerida pela lei. Exige-se, assim, uma formação contratual externamente complexa e envolvida perante um manto de formalidade concreta de segurança jurídica.

Neste sentido, dispõe o artigo 832º, nº 1 do Código Civil, que *"a cessão deve ser feita por escrito e está, além disso, sujeita à forma exigida para a validade da transmissão dos bens nela compreendidos", acrescentando o seu nº 2, que "a cessão deve ser registada sempre que abranja bens sujeitos a registo"*.

Ou seja, estabelece o legislador duas vicissitudes concretas que se projetam na formalidade exigida para a validade da cessão de bens ao credor:

i) Em primeiro lugar, exige-se que, pelo menos, a formalidade do contrato da cessão de bens ao credor obedeça à forma escrita. Ou seja, caso os bens cedidos não careçam, para a sua transmissão, de forma legal obrigatória, podendo ser transmitidos por via da mera declaração verbal de vontade (*v.g.* transmissão do direito de propriedade sobre veículos automóveis), a lei obriga a que, nesta situação, a cessão de bens seja obrigatoriamente reduzida a escrito. Veja-se que, a não verificação da forma legalmente exigida determina a nulidade do negócio por inobservância de forma (cfr. artigo 220º do Código Civil). Contudo, se para a transmissão dos bens a lei exigir uma formalidade mais solene, como ocorre no caso dos bens imóveis em que a validade do negócio jurídico está dependente de que o mesmo seja celebrado por escritura pública ou documento particular autenticado (cfr. artigo 80º, nº 2 do Código do Notariado, artigo 22º do Decreto-Lei nº 116/2008, de 4 de julho, e artigo 2º, nº 1 alínea g) do Código do Registo Predial *ex vi* artigos 875º e 947º do Código Civil), deverá ser adotada esta formalidade solene para a perfeita validade da cessão de bens.
ii) Em segundo lugar, sempre que os bens objeto de cessão sejam passiveis de registo, deve a cessão dos bens ao credor ser levada ao

registo para efeitos de publicitação. Veja-se que, não falamos aqui de um requisito de eficácia, mas sim de uma exigência publicitária de concretização da segurança do comércio jurídico. Ou seja, não se procura atribuir qualquer efeito constitutivo ao registo, pelo que o mesmo mantém o seu caráter declarativo de publicidade do facto publicitado. Como refere Menezes Leitão[119], e com o qual concordamos, "como é regra geral, o registo terá apenas natureza consolidativa do contrato, permitindo opor a cessão a terceiros, e não condicionante de eficácia absoluta"[120]. Assim, a cessão de bens ao credor assume natureza *erga omnes,* sendo oponível a terceiros por ser lavrada no registo pela inscrição correspondente ao ato celebrado (cfr. artigo 2º, nº 1 alínea g) do Código do Registo Predial). Assim, no caso de bens não sujeitos a registo, tal problemática não se coloca, pois, o caráter taxativo dos atos e factos sujeitos a registo impostos por via normativa, retira, também, o caráter de obrigatoriedade de registo de tal cláusula.

Deste modo, sufraga-se o caráter solene e formal que se projeta no negócio jurídico da cessão de bens do devedor. A sua validade depende, assim, do cumprimento da forma legal exigida para a transmissão dos bens cedidos, pelo que, em caso de incumprimento, a cessão será ilícita e, portanto, nula por vício de forma. Contudo, parece-nos que, esta solenidade subjaz um efeito negativo para o desenvolvimento deste negócio. Transferir o ónus de solenidade para as partes, bem como os custos associados à concretização do negócio, acarreta que estas dispensem a adoção deste instituto e partam para a execução dos bens do devedor. Os custos da escritura ou do documento particular autenticado, acrescido dos emolumentos registais, são uma despesa que as partes, nem sempre, estão dispostas a suportar. Pelo contrário, os custos da ação executiva mostram-se significativamente mais reduzidos, tornando-se mais apelativo e funcional, face à cessão dos bens do devedor. Também, o ónus de liquidação dos bens, no caso da cessão de bens do devedor, encontra-se na alçada dos cessionários,

119 Luís Menezes Leitão, *Direito das Obrigações. Vol.II – Transmissão e Extinção das Obrigações. Não cumprimento e garantias do crédito,* 6ª Edição, Coimbra, Almedina, 2008, p.322.

120 No mesmo sentido, Cfr. António Menezes Cordeiro, *Tratado de Direito Civil Português Vol.II – Direito das Obrigações Tomo IV,* Coimbra, Almedina, 2010, p.539

sem que exista qualquer contrapartida para além da cobrança do crédito que lhe é devido. Na ação executiva, pelo contrário, esse ónus impende sobre o Agente de Execução, assumindo o credor uma posição de passividade e de espera pela liquidação do património e a repartição do produto dos bens penhorados.

Os custos e os ónus associados a este contrato, tornam-no redutor e pouco apelativo aos agentes económicos no âmbito das relações jurídicas obrigacionais. Por isso, concordamos com MENEZES CORDEIRO[121] quando afirma que, "a doutrina nacional - como aliás a italiana, em face de textos semelhantes - queixa-se, contudo, de que a forma porque a cessão de bens aos credores vem regulada não tem possibilitado a sua efetiva utilização no comércio jurídico". Mas, contudo, não podemos esquecer que, com clarividência demonstrada pelo legislador, na última década, também devido às dificuldades económicas que têm assolado os vários países, o impulso propulsor em favor da autonomia privada na resolução de crises tem vindo a merecer certo decaimento. De facto, não se pode ignorar que vários mecanismos de resolução e regularização de dívidas foram introduzidos para este fim: desde os acordos de reestruturação aos planos de reorganização (cfr. artigos 17º-A e seguintes do Código da Insolvência e da Recuperação da Empresa), passando pelos procedimentos mais gerais para a resolução de crises de sobre-endividamento (cfr. Decreto-Lei nº 227/2012, de 25 de Outubro).

Por isso, parece-nos que será nesta dimensão que o instituto jurídico da cessão de bens do devedor apazigua a sua importância, tornando-a inócua e (quase) esquecida na *praxis* jurídica, assumindo-se, atualmente, como um negócio jurídico de reduzida importância prática.

121 ANTÓNIO MENEZES CORDEIRO, *Tratado de Direito Civil Português Vol.II – Direito das Obrigações Tomo IV*, Coimbra, Almedina, 2010, p.539.

IV
As Cláusulas de Exoneração de Responsabilidade Patrimonial

1. Introdução

As cláusulas de exclusão de responsabilidade constituem verdadeiros acordos acessórios aos negócios jurídicos celebrados e que integram obrigações principais associadas à realização de determinadas prestações[122]. Estas cláusulas são bastante habituais e assumem uma grande heterogeneidade no seu arquétipo funcional. São abundantes nos contratos celebrados pelos sujeitos, mas também podem ser encontradas em inúmeros "avisos" dirigidos ao público em geral[123].

Mas, a sua admissibilidade não tem estado isenta de dúvidas. Isto porque, estas cláusulas apresentam uma redação bastante complexa e envesada que pode supor vários e sérios problemas, quer para o tradutor ou para o próprio intérprete do Direito.

Na vigência do Código de Seabra, a sua licitude era debatida e defendida por Galvão Teles[124], acolhendo a admissão destas cláusulas. Atualmente, na vigência do Código Civil de 1966, é consagrado no artigo 809º do citado diploma legal, que "*é nula a cláusula pela qual o credor renuncia antecipadamente a qualquer dos direitos que lhe são facultados nas divisões ante-*

[122] Veja-se, entre outros, António Pinto Monteiro, *Cláusulas Limitativas e de Exclusão de Responsabilidade Civil*, Coimbra, Almedina, 2011.

[123] Não é incomum dirigir-se a um parque de estacionamento privativo ou concessionado a determinada entidade e encontrar o aviso redigido da seguinte forma: "*a concessionária não se responsabiliza por eventuais danos ou perdas causadas por outros veículos no parque de estacionamento*".

[124] Inocêncio Galvão Teles, *Direito das Obrigações. Tomo I*, 9ª Edição, Coimbra, Coimbra Editora, 1965, pp.230 e seguintes.

riores nos casos de não cumprimento ou mora do devedor, salvo o disposto no nº 2 do artigo 800º". E esta redação não tem isentado a doutrina e jurisprudência de debate sobre a sua admissibilidade, pois não tem sido despicienda a leitura e as discussões suscitadas no que diz respeito à legalidade destas cláusulas de exclusão ou limitação da responsabilização do devedor.

Com efeito, o nosso anseio de abordagem às cláusulas de exclusão e de limitação de responsabilidade civil por parte do devedor surge, unicamente, na sua interligação à liberdade negocial outorgada às partes para limitar o dever de indemnizar e de cumprimento da obrigação. Não procuramos, até porque o tema caracteriza-se como dogmaticamente denso e rico na nossa doutrina, uma abordagem sobre a licitude e o seu enquadramento normativo segundo as disposições *juscivilísticas* vigentes. A sua abordagem foi feita, com mestria, por António Pinto Monteiro[125], pelo que qualquer enquadramento com densidade científica ficaria sempre à mercê do trabalho apresentado. Por isso, a nossa abordagem tende a direcionar-se unicamente pela sua importância na *praxis* jurídica, uma vez que estas cláusulas conservam a sua importância no âmbito dos negócios jurídicos, sendo que a sua admissibilidade comporta a capacidade de o devedor limitar ou "isentar" a sua responsabilidade para com o credor. Isto permite que as partes modifiquem o regime legal vigente, convertendo os efeitos patológicos em "efeitos dispares" em relação ao regime regra estipulado.

Por estas razões, não poderemos deixar de fazer uma breve abordagem sobre as cláusulas de limitação ou exoneração de responsabilidade do devedor, enquanto instituto capaz de modificar a relação jurídica contratual e as vicissitudes próprias inerentes à mesma.

2. Noções e precisões terminológicas

Como temos vindo a referir ao longo do presente trabalho, a compreensão séria sobre um instituto jurídico capaz de modificar a responsabilização do devedor não pode deixar de comportar que o nosso ancoramento discursivo seja direcionado para uma leitura dos termos e conceitos utilizados.

Em primeiro lugar, as convenções limitativas de responsabilidade devem aqui ser concetualizadas segundo o seu objeto finalístico, isto é, conforme o objetivo pretendido pelas partes. Isto porque, as partes, à luz

[125] António Pinto Monteiro, *Cláusulas Limitativas e de Exclusão de Responsabilidade Civil*, Coimbra, Almedina, 2011.

do disposto no artigo 810º, nº 1 do Código Civil, podem fixar o montante da indemnização exigível, bem como podem, à luz do artigo 809º do mesmo diploma lega, limitar o exercício de direitos do credor, designadamente o montante da indemnização, o direito à resolução do contrato, o direito a exigir o cumprimento da obrigação, ou fixar a obrigação de indemnização aos casos de dolo ou culpa grave. Todavia, a exclusão total destes direitos parece não ser admissível à luz dos mencionados preceitos legais. Por isso, não podemos deixar de distinguir as *i) cláusulas de limitação de responsabilidade* e as *ii) cláusulas de exoneração ou exclusão de responsabilidade.*

No caso das *i) cláusulas de limitação de responsabilidade*, as partes apresentam um acordo bilateral e acessório pelo qual limitam ou atenuam, para o devedor, os pressupostos da obrigação de indemnização ou fixam previamente um limite máximo que representa o montante máximo devido em caso de incumprimento da obrigação principal, podendo ser perspetivado como uma verdadeira cláusula penal variável que é determinada pelo incumprimento e que será devida e exigível pelo credor; já nas *ii) cláusulas de exoneração ou exclusão de responsabilidade*, as partes convencionam que a obrigação de indemnização ou o próprio cumprimento coercivo da obrigação são afastados na sua totalidade.

Com efeito, encontramos, assim, uma verdadeira dualidade concetual, pelo que não podemos encarar o conceito de *cláusulas de exoneração de responsabilidade* como compreendendo ambas as situações apresentadas, ou seja, apresentando um sentido unitário[126]. Poderá ser entendida nesta aceção, mas quando perspetivada perante um sentido amplo. Pelo contrário, um sentido estrito, direciona-nos para um entendimento das convenções e das cláusulas diferenciadas concetualmente perante a dualidade finalística que lhe é inerente[127]. Isto porque, a validade das mencionadas cláusulas não é uniforme, valendo a sua conformidade legalista casuisticamente

[126] Neste sentido, FERNANDO PESSOA JORGE, "A Limitação Convencional da Responsabilidade Civil", *in BMJ nº 281*, Dezembro, 1978, p.7. Também SOUSA RIBEIRO afirma que "toda a limitação é simultaneamente uma exoneração parcial (e vice-versa), pois deixa por indemnizar certos danos (ou certa medida dos danos), que, sem ela, seriam reparáveis". JOAQUIM DE SOUSA RIBEIRO, "Responsabilidade e Garantia em Cláusulas Contratuais Gerais (DL nº 446/85, de 25 de Outubro)", *in Sep. de: BFDUC, estudos em Homenagem ao Prof. Doutor António de Arruda Ferrer Correia*, Coimbra, 1992, p.31.

[127] Neste sentido, ANTÓNIO PINTO MONTEIRO, *Cláusulas Limitativas e de Exclusão de Responsabilidade Civil*, Coimbra, Almedina, 2011, pp.98 e seguintes; MÁRIO JÚLIO DE ALMEIDA COSTA, *Direito das Obrigações*, Almedina, 2009, pp.789 e seguintes.

e de acordo com o enquadramento material pretendido pelas partes e o quadro legal vigente.

3. Dimensão material

Dispõe o artigo 809º do Código Civil, que "*é nula a cláusula pela qual o credor renuncia antecipadamente a qualquer dos direitos que lhe são facultados nas divisões anteriores nos casos de não cumprimento ou mora do devedor, salvo o disposto no nº 2 do artigo 800º*".

Materialmente, consagra o legislador ordinário que as partes não podem estipular, através de cláusulas contratuais, sobre a renúncia de direitos que são facultados ao credor, designadamente o do requerer o ressarcimento dos danos causados por via indemnizatória, ou mesmo o de exigir o cumprimento coercivo da obrigação devida. Certo é que o legislador contempla uma dimensão material densa e que se compreende nos vários direitos que o credor tem ao seu dispor. Mas, e como bem afirma António Pinto Monteiro[128], as convenções de exoneração ou limitativas de responsabilidade são, fundamentalmente, aplicadas ao nível da responsabilidade civil e consequentemente à obrigação de indemnização por parte do devedor, ainda que legalmente sejam admissíveis e possam revestir outras modalidades que não consubstanciem a obrigação de indemnização. Deste modo, para o mencionado autor, as cláusulas de exoneração ou limitação configuram-se como verdadeiras estipulações negociais, mas tendem a ser destinadas a excluir ou limitar a responsabilidade em que o devedor incorreria pelo não cumprimento (ou cumprimento defeituoso) ou mora das suas obrigações[129]. Ou seja, as cláusulas de exoneração ou limitação de responsabilidade compreendem-se essencialmente dentro da responsabilidade civil extracontratual ou aquiliana (cfr. artigos 483º e seguintes do Código Civil) e da responsabilidade civil contratual (cfr. artigos 798º e seguintes do Código Civil).

Contudo, não podemos integrá-las apenas como desenvolvimento de um quadro de alteração ao arquétipo da responsabilidade civil, pois como refere Almeida Costa[130], a lei proporciona ao credor o direito de limitar

[128] António Pinto Monteiro, *Cláusulas Limitativas e de Exclusão de Responsabilidade Civil,* Coimbra, Almedina, 2011, pp.98 e seguintes.

[129] *Idem, Ibidem.*

[130] Mário Júlio de Almeida Costa, *Direito das Obrigações,* Almedina, 2009, p.790; Fernando Pessoa Jorge, "A Limitação Convencional da Responsabilidade Civil", *in BMJ nº 281,* Dezembro, 1978, p.8.

ou excluir o direito a exigir o cumprimento da obrigação, a indemnização pelos danos sofridos, a resolução do contrato e o cómodo de representação[131]. E, de facto, é essa a disposição positiva do legislador, pois refere, no já aludido artigo 809º do Código Civil, o termo "*direitos que lhe são facultados*", pelo que não se restringe positivamente ao conceito de "*indemnização*". Por isso, compreende-se que a cláusula de limitação ou exoneração seja materialmente mais ampla e compreenda um arquétipo normativo-obrigacional mais denso do que aquele em que tende a ser geralmente apontado.

Por outro lado, não se poderá deixar de referir que esta cláusula permitirá às partes convencionar "*um agravamento da responsabilidade*". Ou seja, materialmente, podem as partes estipular que a responsabilidade do devedor é agravada, de modo que exista um favorecimento do credor e consequentemente uma facilitação no cumprimento da obrigação, designadamente pela via da responsabilização contratual ou extracontratual. Entre nós, esta posição tem sido defendida por José Carlos Brandão Proença[132], o qual tem afirmado que "pode até dizer-se que a sua admissibilidade está implicitamente afirmada no art.809º, se pensarmos que esse clausulado potencia a tutela do preceito, conferindo ao credor mais e melhores pretensões". De facto, parece-nos que a tese adotada é correta e permite uma satisfação mais fácil dos interesses do credor, dando cumprimento aos desideratos normativos e sistemáticos de segurança do comércio jurídico.

Todavia, e questão distinta, evidencia-se quanto à total exclusão de responsabilidade patrimonial do devedor. Se nada obsta à sua majoração, será de atender que a liberdade negocial e a autonomia privada admitem uma minoração (ou mesmo exclusão) da responsabilidade?

Na nossa humilde opinião, torna-se necessário invocar o momento constituinte da obrigação de indemnizar. Ou seja, caso a obrigação de indemnização já se encontre constituída, parece-nos que são plenamente legítimos os acordos tendentes a remir a dívida, conceder moratórias que facilitem o cumprimento da obrigação de indemnizar, ou mesmo autorizar uma dação

[131] José Carlos Brandão Proença, *Lições de Cumprimento e Não Cumprimento das Obrigações*, Coimbra, Coimbra Editora, 2011, p.378.

[132] José Carlos Brandão Proença, *Lições de Cumprimento e Não Cumprimento das Obrigações*, Coimbra, Coimbra Editora, 2011, p.381.

em cumprimento ou a novação da obrigação[133]. Contrariamente, entendemos que as cláusulas de exclusão de responsabilidade prévias apenas serão admissíveis se se restringirem à delimitação do montante indemnizatório ou afastamento de responsabilidade por culpa leve[134].

Deste modo, concebe-se que estas cláusulas de limitação (ou exclusão) de responsabilidade do devedor constituem um verdadeiro mecanismo negocial que se desenvolve através da modelação dos pressupostos de responsabilização patológicos da relação jurídica obrigacional. Não se concebe como instrumento de modelação do contrato principal nem de afetação do património do devedor, mas sim perante os elementos de responsabilidade pelo incumprimento da obrigação constituída na relação jurídica contratual, conformando o desenvolvimento patológico que será suscetível de condicionar o cumprimento a obrigação.

4. Dimensão externa e temporal

As cláusulas de exoneração ou limitação das obrigações que integram a relação jurídica contratual apresentam-se, perante uma dimensão externa, com um caráter simples e unitário. Isto porque, estes acordos surgem como acessórios aos negócios jurídicos celebrados e cujas obrigações principais encontram-se associadas, geralmente, ao cumprimento de determinadas prestações. A sua inserção no âmbito dos negócios jurídicos surge unicamente com o caráter de auxiliar e de complementar a celebração destes acordos jurídicos, procurando alterar as vicissitudes patológicas que eventualmente possam ocorrer no âmbito e desenvolvimento dos mesmos.

Neste sentido, dir-se-á que a dimensão externa destas cláusulas não assume uma importância semelhante à cessão de bens do devedor ou à cláusula de impenhorabilidade por vontade de terceiros, já que estas obedecem a critérios formais densos e solenemente complexos. Contrariamente, as convenções de limitação ou exoneração de responsabilidade do devedor não assumem esta solenidade e formalismo especiais, pelo que será de aplicar o regime geral previsto nos artigos 221º e seguintes do Código Civil. Assim, a sua formalização não obedece a requisitos formais nem de

[133] Fernando Pessoa Jorge, "A Limitação Convencional da Responsabilidade Civil", *in BMJ nº 281*, Dezembro, 1978, p.6; José Carlos Brandão Proença, *Lições de Cumprimento e Não Cumprimento das Obrigações*, Coimbra, Coimbra Editora, 2011, p.381.

[134] António Pinto Monteiro, *Cláusulas Limitativas e de Exclusão de Responsabilidade Civil*, Coimbra, Almedina, 2011, pp.284 e seguintes.

publicidade próprios de outros negócios jurídicos, podendo, inclusive, serem anteriores à formalização do negócio jurídico principal. Contudo, neste último caso, veja-se que não se permite a prévia renúncia total aos direitos atribuídos ao credor[135]. Tem sido este o entendimento unânime na doutrina e jurisprudência nacionais, pois se nada obsta a que o acordo seja posterior e, neste caso, a renúncia seja total[136], o mesmo não se pode dizer se esse acordo for prévio, ou seja, se a renúncia ao direito esvaziar o conteúdo dos direitos outorgados ao credor[137], pois nestas situações as mencionadas cláusulas são consideradas nulas.

Assim, a dimensão externa e a inserção destas cláusulas serão aferidas de acordo com os critérios legais de admissibilidade previstos para a generalidade dos negócios jurídicos, não assumindo especificidades próprias e caraterísticas especiais que suscitem um cuidado acrescido para a sua perfeita integração no comércio jurídico. Unicamente, a dimensão temporal exige que a renúncia total seja posterior à verificação do desenvolvimento patológico da relação jurídica obrigacional, pelo que se exclui que a mencionada renúncia seja convencionada previamente à mesma.

[135] José Carlos Brandão Proença, *Lições de Cumprimento e Não Cumprimento das Obrigações*, Coimbra, Coimbra Editora, 2011, p.377.

[136] Mário Júlio de Almeida Costa, *Direito das Obrigações*, Almedina, 2009, p.790.

[137] Neste sentido, pronunciou-se o Tribunal da Relação de Lisboa, no seu aresto de 17.07.2008, através do qual foi afirmado que, "as cláusulas limitativas de responsabilidade não podem revestir uma abrangência tal que acabem por esvaziar, na prática, o direito fundamental do consumidor à reparação dos danos, protegido constitucionalmente pelo artº 60º, nº 1, da Constituição da República. Basta que o predisponente inclua no contrato de adesão uma cláusula em que se exclua ou limite a sua responsabilidade, sem ressalva dos casos de dolo ou culpa grave, para a mesma se encontrar necessariamente ferida de nulidade, independentemente de tal corresponder, ou não, ao caso concreto em análise". Acórdão do Tribunal da Relação de Lisboa de 17.07.2008, Processo nº 5634/2008-7, Relator Desembargador Luís Espírito Santo, disponível em *http://www.dgsi.pt*.

PARTE III
O DIREITO ENQUANTO FENÓMENO SISTÉMICO E COMO LIMITE À CONVENÇÃO DE RESPONSABILIDADE PATRIMONIAL

Capítulo Único

1. Enquadramento discursivo

Referir que o Direito tende à sistematização e que as normas jurídicas que integram o Direito devem ser ordenadas e sistematizadas segundo um critério lógico e conforme uma regra matricial comum que não permita o desmembramento do Direito, tem sido uma linha de pensamento *jusfilosófico* que tem merecido acolhimento normativo e doutrinal[138]. Pense-se na teoria KELSIANA, a partir da qual, a norma constituinte será aquela que irá influenciar as demais normas jurídicas, as quais lhe devem obediência[139]. Também, o próprio legislador acabou por adotar esta ideia, pois as normas jurídicas devem ser entendidas sistemicamente, isto é, a sua interpretação deve ser feita, segundo uma visão holista e sistemática do ordenamento em que se inserem, não podendo ser compreendidas enquanto um mero aglomerado de normas isoladas entre si e sem qualquer hierarquização e unicidade (cfr. artigo 9º do Código Civil)[140].

Considerando que as normas jurídicas não podem ser consideradas um mero aglomerado de regras criadas em função das necessidades pontuais e dos anseios políticos da época, não pode existir desarmonia entre

[138] ANTÓNIO MENEZES CORDEIRO, "Da sistematização das leis como problema de política legislativa", *in Cadernos de Ciência e Legislação, nº 6, Janeiro/Março*, Instituto Nacional de Administração, Lisboa, 1993, pp.9-10.

[139] HANS KELSEN, *Teoria Pura do Direito (trad. João Baptista Machado)*, 7ª Edição, Coimbra, Almedina, 2008, pp.215 e seguintes

[140] JOAQUIM FREITAS DA ROCHA, *Constituição, Ordenamento e Conflitos Normativos, Esboço de uma Teoria Analítica da Ordenação Normativa*, Coimbra Editora, Coimbra, 2008, p.34.

o consagrado no artigo 602º, e as demais disposições legais vigentes. Ou seja, o Direito tende à ordenação sistémica e as suas normas jurídicas não devem conflituar entre si, sob pena de anacronia e fragmentação do próprio sistema jurídico. Esta premissa vale, também, para o próprio direito privado. Se atentarmos a que os interesses puramente egoístas dos indivíduos – regulados no seio do direito civil – são, tendencialmente, reduzidos em prol do interesse coletivo – muito em virtude da abertura do espaço económico e da necessidade de regulação e proteção da sociedade -, vemos que o direito civil tende para uma era de modernização em que a tutela dos privados e das relações estabelecidas entre estes são, cada vez mais, restringidas em prol do interesse público[141]. Daí que, o direito civil moderno estabeleça um conjunto de normas jurídicas que regulam as relações estabelecidas entre os sujeitos, sem descuidar o interesse coletivo e os interesses económicos da sociedade, impondo certos limites à conformação egoísta das relações e interesses dos sujeitos que integram a mencionada relação jurídica privatística[142].

Por isso, não se pode deixar de referir que, é na conceção sistémica do Direito – o qual é defendido por diversos autores[143] – que encontramos os limites à autonomia privada das partes e, por inerência, ao poder

[141] José De Azeredo Perdigão, "O Princípio da Autonomia da Vontade e as Cláusulas Limitativas da Responsabilidade Civil – Noções Gerais", *in Comunicação ao Instituto da Conferência da Ordem dos Advogados,* p.29, disponível em *https://portal.oa.pt/upl/%7B33084DF8-84BA-4DAD-806E-830BD73CDD77%7D.pdf,* consultado em 10/07/2022.

[142] Dir-se-á que não há sociedade sem convivência. Todavia, não podemos deixar de referir que é nesta sociedade em convivência que as declarações de vontade dos seres humanos ganham relevância. É a partir desta convivência que encontramos as declarações de vontade, os acordos e as relações de índole diversa (moral, religiosa, jurídica, etc."), pelo que deve partir-se desta conceção de sociedade para aferir que as próprias relações estabelecidas mediante as declarações de vontade previamente formuladas obedecem a critérios de razoabilidade que se impõe pela ordem sistémica do Direito. A ordem social configura-se, assim, no grande limite a estes acordos, procurando através destes a formulação de uma sociedade justa e digna que acautele os interesses de todos, e não apenas dos sujeitos envolvidos. José De Azeredo Perdigão, "O Princípio da Autonomia da Vontade e as Cláusulas Limitativas da Responsabilidade Civil – Noções Gerais", *in Comunicação ao Instituto da Conferência da Ordem dos Advogados,* p.29, disponível em *https://portal.oa.pt/upl/%7B33084DF8-84BA-4DAD-806E-830BD73CDD77%7D.pdf,* consultado em 10/07/2022.

[143] António Menezes Cordeiro, "Da sistematização das leis como problema de política legislativa", *in Cadernos de Ciência e Legislação, nº 6, Janeiro/Março,* Instituto Nacional de Administração, Lisboa, 1993, pp.9-10; Hans Kelsen, *Teoria Pura do Direito (trad. João Baptista Machado),* 7ª Edição, Coimbra, Almedina, 2008, pp.215 e seguintes; Joaquim Freitas da

de convenção de limitação patrimonial. Assim, parte-se desta premissa para referir que a própria delimitação negocial vertida no artigo 602º do Código Civil, é ela uma norma jurídica de natureza sistémica, devendo-se integrar como tal na ordem jurídica. Isto porque, o próprio legislador assim o assumiu quando consagrou expressamente que *"salvo quando se trate de matéria subtraída à disponibilidade das partes"*. A unidade do sistema jurídico é matricial para os interesses da sociedade, pelo que não poderia o legislador admitir que, a convenção entre as partes se adentrasse em matérias que, nos termos comuns, está subtraído à disponibilidade destes[144].

Todavia, não é incomum referir-se que os limites colocados a este princípio da livre conformação interna e externa dos negócios jurídicos são concretamente estabelecidos por referência axiológica a um conjunto de valores e princípios jurídicos que pressupõe uma exigência de unidade sistematológica e que, portanto, restringem o campo de atuação das partes. Por isso, falamos de limites inerentes aos interesses coletivos e subtraídos à disponibilidade das partes, ou, ainda, a critérios mais amplos e genéricos que ultrapassam o campo meramente jurídico e atingem patamares sociais e consuetudinários, designadamente a boa-fé, os bons costumes ou a ordem pública.

2. Os interesses coletivos do ordenamento enquanto limite à convenção de responsabilidade patrimonial

Por via dos reflexos que projetam os valores axiológicos que enformam a unidade matricial do sistema jurídico, encontramos como principais limites à formação destes contratos de limitação de responsabilidade, e que constituem uma limitação ao princípio da liberdade contratual, *fronteiras de natureza jurídica* e *fronteiras naturais*: a) as *fronteiras jurídicas* constituem barreiras que o direito consagrou positivamente e que converteu em normas jurídicas dotadas de juridicidade para lhes outorgar valor jurídico extrínseco, e que, portanto, devem ser respeitadas e são motivo de ponderação na constituição do negócio jurídico; b) as *fronteiras naturais* são aquelas que, embora não formuladas expressamente em qualquer norma jurídica, representam a sua força por constituir, em cada época ou povo,

ROCHA, *Constituição, Ordenamento e Conflitos Normativos, Esboço de uma Teoria Analítica da Ordenação Normativa*, Coimbra Editora, Coimbra, 2008, p.34.

[144] PIRES DE LIMA, ANTUNES VARELA, *Código Civil Anotado – Volume I*, 4ª Edição, Coimbra, Coimbra Editora, 2011, p.619.

uma regra geral de conduta social que é indiscutível e cujo conteúdo formula uma tendencial direção comum de regulação.

a) Quanto às primeiras (fronteiras jurídicas), não podemos deixar de conformar que o próprio artigo 602º do Código Civil, tem no seu prólogo a menção, "*salvo quando se trate de matéria subtraída à disponibilidade das partes*". Falamos, por exemplo, em direitos indisponíveis e que, portanto, são subtraídos da vontade das próprias partes[145]. Veja-se que, as partes não podem convencionar que o direito a alimentos, consagrado no artigo 2008º do Código Civil, ou o direito de uso e habitação, previsto no artigo 1488º do Código Civil, venham responder positivamente pelas obrigações incumpridas do devedor, ou, ainda, os direitos pessoais relativos ao nome (cfr. artigo 72º do Código Civil), o direito à imagem (cfr. artigo 79º do Código Civil), ou o direito moral de autor (cfr. artigo 9º, nº 3 do Código do Direito de Autor e dos Direitos Conexos)[146].

Por outro lado, não poderemos deixar de referir o elenco de bens absolutamente impenhoráveis que constam do artigo 736º do Código de Processo Civil. Mostrando-se como uma norma de natureza imperativa, não poderão as partes indicar os bens taxativamente contemplados na mencionada norma jurídica[147]. Os direitos fundamentais que se encontram

[145] "A limitação convencional da responsabilidade estatuída no artigo 602º CC com a qual as partes podem, por acordo, limitá-la positivamente, ao identificarem os bens do devedor que respondem pelo incumprimento da obrigação ou, negativamente, quanto à indicação dos bens a excluir da sua responsabilidade, priva a vontade das partes em estabelecer a subtração da dívida à execução patrimonial, transformando deste modo, uma obrigação civil numa obrigação natural, i.e., deveres de prestar destituídos de real coercibilidade. Assim, esta limitação deverá corresponder a um interesse sério e justificado e representar uma real necessidade ou conveniência do devedor, razão pela qual, se poderão considerar como fraudulentas as indicações de bens manifestamente insuficientes para garantir o respetivo crédito. Esta convenção ou o acordo a ser estabelecido poderá ser contemporâneo ou posterior à constituição do débito e ficam subtraídas à disponibilidade das partes todas as disposições legais impostas por normas de interesse e de ordem pública e os créditos irrenunciáveis (*v.g.* no artigo 2008º CC). PAULO SILVA CAMPOS, "O arresto como meio de garantia patrimonial – Uma perspetiva substantiva e processual", *in Revista de Direito das Sociedades, Ano VIII, Vol.3,* Almedina, *2016,* p.745.

[146] JOÃO DE CASTRO MENDES, MIGUEL TEIXEIRA DE SOUSA, *Manual do Processo Civil – Volume II,* Lisboa, AAFDL Editora, 2022, p.728.

[147] Pelo contrário, nada obsta a que, as partes, contemplem no mencionado acordo de indicação positiva ou negativa de bens passíveis de responsabilização, os indicados nos artigos 737º e 738º, do Código de Processo Civil.

alicerçados nos bens subtraídos de penhora, não permitem, assim, que os mesmos sejam indicados positivamente como passíveis de responsabilização, à luz do artigo 602º do Código Civil. É que, estamos perante coisas cuja natureza espraiam, de forma axiológica, o reflexo de direitos fundamentais essenciais para a vida em sociedade e para a sistematização de uma ordem jurídica assente na dignidade da pessoa humana, na proteção da confiança, no direito à saúde, ou, ainda, através da projeção da proibição do excesso.

Para além disto, a disponibilidade de certos direitos é juridicamente condicionada a factos ou atos externos, pois, os mesmos, apenas podem ser alienados ou onerados pelo seu titular com o consentimento de terceiros. É o que sucede, por exemplo, em relação a certos bens próprios de um dos cônjuges, salvo quando vigore o regime da separação de bens. Nestas situações, a alienação, oneração, arrendamento ou constituição de outros direitos pessoais de gozo sobre imóveis próprios ou comuns, a alienação, oneração ou locação de estabelecimento comercial, próprio ou comum, ou a alienação, oneração, arrendamento ou constituição de outros direitos pessoais de gozo sobre a casa de morada da família, carece sempre do consentimento de ambos os cônjuges (cfr. artigo 1682º-A do Código Civil)[148]. Também, a disposição de certos direitos respeitantes a participações sociais requer o consentimento de terceiros, nomeadamente da própria sociedade (cfr. artigo 995º nº 1 do Código Civil, e artigos 182º nº 1 e 469º do Código das Sociedades Comerciais)[149]. Ou, ainda, não é admissível o trespasse de estabelecimento comercial instalado em loja integrada em centro comercial sem autorização do organizador deste[150].

b) Já no que diz respeito às fronteiras naturais, não podemos deixar de referir que, sempre que as cláusulas de responsabilização patrimonial sejam contrárias aos bons costumes e contrariem a própria ordem pública

[148] Nada impedirá a formação do acordo com base nesta limitação condicional. Contudo, ressalva-se que, a penhora destes bens, numa eventual ação executiva, passará posteriormente pela citação do cônjuge do executado (cfr. artigos 740º e 786º, nº 1 alínea a) do Código de Processo Civil), acautelando-se, no caso da venda executiva de bens comuns, uma compensação numa futura partilha (cfr. artigos 1696º e 1697º do Código Civil).

[149] Jorge Manuel Coutinho de Abreu, *Curso de Direito Comercial Volume II*, 3ª Edição, Coimbra, Almedina, 2009, pp.347 e seguintes.

[150] Acórdão do Supremo Tribunal de Justiça de 20/01/1998, Processo nº 949/97, Relator Conselheiro Lopes Pinto, disponível em *http://www.dgsi.pt*.

serão as mesmas nulas, por força do disposto nos artigos 280º, nº 2, e 281º do Código Civil. A unidade do sistema jurídico, não pode deixar de fazer referência ao estado político e anímico do país, mas deve ser mais amplo que isto, designadamente no sentimento de tranquilidade e honestidade geral, permitindo uma evolução natural. Por isso, e como bem refere Lebre De Freitas[151], é hoje difícil dar uma noção do que se deve considerar por contrário à ordem pública. Para o efeito, socorremo-nos das doutas considerações do Tribunal da Relação do Porto, para o qual, "os bons costumes contemporâneos são aqueles valores ou princípios, com carácter moral e validade jurídica, reconhecidos ou assumidos pela comunidade, estabelecendo um mínimo de exigências éticas de conduta ou convivência, no âmbito de uma sociedade decente, respeitando a laicidade, a pluralidade, a diversidade e a multiculturalidade"[152]. Diremos, assim, que a obrigação é contrária à ordem pública quando seja incompatível ao regime social atualmente vigente, segundo os usos atuais do Direito que ele pretende por movimento e quando constitua um atentado aos valores axiológicos comuns, segundo o consenso de cada época. Por isso, dir-se-á que, uma convenção de limitação da responsabilidade patrimonial será contrária aos bons costumes, quando diga respeito a obrigações contrárias à moralidade pública da época, designadamente quando diga respeito, por exemplo, a estupefacientes, cassete de vídeo com objeto pornográfico penalmente ilícito, diário ou correspondência de uma figura pública, pessoas, direitos puramente pessoais e inalienáveis e contrariem a dignidade da pessoa, ou créditos e receitas obtidos como fruto da prática de atos penalmente sancionáveis.

3. Da boa fé como fonte limitativa da convenção da responsabilidade patrimonial

Por último – e intimamente ligado à ordem pública de uma determinada sociedade -, não podemos esquecer o critério da boa-fé (*bona fides*), enquanto fronteira natural inerente à limitação da própria autonomia privada das partes[153]. É que, a boa-fé não pode deixar de ser encarada como

[151] José Lebre de Freitas, *A ação executiva à luz do Código de Processo Civil de 2013*, 7ª Edição, Gestlegal, 2017, p.247.

[152] Acórdão do Tribunal da Relação do Porto de 27/06/2018, Processo nº 8/17.7T8GDM.P1, Relator Desembargador Joaquim Correia Gomes, disponível em *http://www.dgsi.pt.*

[153] António Menezes Cordeiro, *Da Boa fé no Direito Civil*, 7ª Edição, Coimbra, Almedina, 2020.

uma diretriz axiológica estruturante da ordem *juscivilística*, pois a mesma acaba por ser transversal no tempo, no espaço, e, atualmente, encontra-se, num domínio legal, consagrado positivamente em várias disposições legais do Código Civil (cfr. artigos 227º, nº 1, 334º, 437º nº 1 e 762º, nº 2)[154]. Contudo, e no domínio concreto das obrigações contratuais, dir-se-á que a boa-fé surge principalmente afeta aos deveres acessórios, da *culpa in contrahendo* e da alteração das circunstâncias. Por exemplo, imagine-se que, o devedor após a celebração da mencionada convenção de limitação da responsabilidade patrimonial, onde indicou determinado bem de forma positiva em caso de um eventual incumprimento, o vem posteriormente alienar, de forma dolosa e de má-fé, fundamentando-se unicamente com o intuito de frustrar o cumprimento coercivo da obrigação. A delapidação do património acaba por ser, subjetivamente, concretizada por interesses puramente egoístas e dolosos, no intuito de prejudicar os interesses do(s) credor(es). É precisamente a boa-fé – *in casu* através da sua manifestação negativa – que está na origem da procedência da ação pauliana para os efeitos de ineficácia dos atos de disposição de bens do devedor (cfr. artigo 610º do Código Civil). Veja-se que, de entre os requisitos legais de procedência da ação pauliana, é particularmente relevante a má-fé do devedor (transmitente dos bens) e do terceiro (adquirente dos mesmos)[155].

Da mesma forma, será ilícita a cláusula que restrinja positivamente determinados bens, mas, na qual, os mesmos não sejam suficientes para permitir o cumprimento coercivo da obrigação, designadamente quanto à equiparação económica da obrigação face aos bens indicados para responsabilização. Falamos, assim, naquelas situações em que, primitivamente, o valor económico dos bens limitados à responsabilização das obrigações do devedor é manifestamente insuficiente face ao valor económico da obrigação correspondente, procurando-se, unicamente, esvaziar o conteúdo do princípio geral da garantia das obrigações[156]. Entre nós, esta ideia foi

[154] António Menezes Cordeiro, "A boa fé nos finais do século XX", *in Revista da Ordem dos Advogados*, 1996, pp.887-912.

[155] Acórdão do Tribunal da Relação de Coimbra de 01/06/2022, Processo nº 178/15.9T8TND.C2, Relator Desembargador Vitor Amaral, disponível em *http://www.dgsi.pt*.

[156] Da mesma forma, veja-se que se, o devedor com o intuito de diminuir o valor da coisa, dolosamente ou negligentemente, vier a praticar ou omitir todos os atos a que está adstrito para conservação do(s) bem(ns) identificados positivamente como responsáveis pelo incumprimento das obrigações do devedor, será responsável pelos mesmos. Como referiu o

defendida inicialmente por Pires De Lima e Antunes Varela[157], para os quais, "hão-de sempre indicar-se os bens, devendo considerar-se fraudulenta a convenção pela qual se faça apenas uma indicação simbólica, em quantidade manifestamente inferior à necessária para garantia do crédito". Também Almeida Costa[158] refere que, "é claro que não se autorizam as partes a isentar de execução todo o património do devedor. Portanto, considera-se fraudulenta uma indicação de bens em quantidade manifestamente insuficiente para garantir o crédito", sendo idêntica a posição de António Pinto Monteiro[159], o qual afirma que, "é permitida a convenção da limitação da responsabilidade do devedor a algum dos seus bens no caso de a obrigação não ser voluntariamente cumprida, desde que não se trate de uma indicação meramente simbólica". Também, Lebre De Freitas[160] e Rui Pinto[161] vem partilhar este entendimento – numa interligação ao domínio processual -, afirmando que, esta limitação ou exclu-

Tribunal da Relação de Lisboa no seu aresto de 28/09/2010, "nos termos do n.º2 do art.762.º do CC. Quando se convencione uma cláusula de limitação da responsabilidade, recai sobre o devedor a obrigação de não praticar. por comissão ou omissão, actos que, lhe sendo imputáveis a título de culpa, sejam susceptíveis de afectar negativamente o valor dos bens a que ficou confinada aquela limitação, em termos de esvaziar a coercibilidade do vínculo obrigacional para com o credor. A responsabilidade pelo risco relativo à apreciação dos bens dados em garantia --no caso, a desvalorização das ações dadas em garantia deve ser aferida em conformidade com o clausulado, em função da economia do contrato, tendo em linha de conta que a clausula de limitação é estabelecida em benefício do devedor e não como garantia do preço acordado". Acórdão do Tribunal da Relação de Lisboa de28/09/2010, Processo nº 7502/08-7. Em sentido análogo, afirma Rui Pinto, que, "*Quid juris* se os bens reservados para a responsabilidade se desvalorizarem, deteriorarem ou perecerem? Sem prejuízo de maior estudo, o que parece ser de entender que, no essencial, esse risco corre por conta do credor, sem prejuízo das regras de resolução ou modificação do contrato por alteração das circunstâncias (cf. 437º ss.CC). Assim não ser será, tratando-se de facto imputável ao devedor, i.e., pelo qual ele estraga, deixa estragar ou aliena o bem da responsabilidade. Nessa eventualidade, a atuação de má fé do devedor há-de fundamentar uma resolução do acordo por parte do credor". Rui Pinto, *Manual da Execução e Despejo*, Coimbra, Coimbra Editora, 2013, p.484.

157 Pires de Lima, Antunes Varela, *Código Civil Anotado – Volume I*, 4ª Edição, Coimbra, Coimbra Editora, 2011, pp.618-619.

158 Mário Júlio de Almeida Costa, *Direito das Obrigações*, Almedina, 2009, p.846.

159 António Pinto Monteiro, *Cláusulas Limitativas e de Exclusão de Responsabilidade Civil*, Coimbra, Almedina, 2011, p.113.

160 José Lebre de Freitas, *A ação executiva à luz do Código de Processo Civil de 2013*, 7ª Edição, Gestlegal, 2017, p.245.

161 Rui Pinto, *Manual da Execução e Despejo*, Coimbra, Coimbra Editora, 2013, p.485.

são de certos bens da responsabilidade patrimonial do devedor não pode pôr em causa a exequibilidade do crédito.

Considerando a uniformidade doutrinal mencionada, não poderemos deixar de referir que, a boa-fé é, assim, um pressuposto material estruturante do ordenamento *juscivilístico* hodierno, principalmente no domínio do direito obrigacional, no qual se insere a manifestação da autonomia privada contratual e a capacidade de celebração dos negócios jurídicos. As partes devem agir de boa-fé na formação do negócio, durante a celebração do mesmo e posteriormente. Os deveres de boa-fé a que as partes estão adstritas impede-as de atuar segundo parâmetros que sejam considerados desviantes e incomuns às regras morais de uma sociedade[162]. Atuar em desconformidade com os critérios considerados normais, agindo de forma dolosa e com o desígnio prejudicial de alguém próximo ao agente, deve ser sancionado pelo Direito. Por isso, não podemos deixar de referir que uma atuação contrária à boa-fé, e que coloque em prejuízo a operatividade da cláusula de responsabilização patrimonial formulada pelas partes deve ser sancionada.

4. A limitação da penhora de bens imóveis do devedor (executado) no âmbito da ação executiva

4.1. A penhora de bens imóveis nas ações executivas de valor reduzido

Como temos vindo a referir ao longo deste trabalho, todo o património do devedor constitui a garantia geral do cumprimento das suas obrigações, nos termos indicados no artigo 601º do Código Civil, bem como pela via adjetiva do artigo 735º, nº 1 do Código de Processo Civil (salvo as exceções previstas legalmente em que, por razões imperativas ou de interesse superior, determinados bens não devem responder pelas dívidas dos seus titulares).

Constitui este património, o principal meio securitário do credor para, no âmbito das ações executivas que têm em vista o cumprimento coativo das obrigações que não se mostram voluntariamente cumpridas, exigir o seu cumprimento, sendo o coração onde a entidade jurisdicional (ou com poderes jurisdicionais) irá concentrar a sua ação apreensiva.

Compreendendo a universalidade que compõe o património do devedor, fácil será entender que a sua materialidade interna pode encontrar

[162] António Menezes Cordeiro, "A boa fé nos finais do século XX", *in Revista da Ordem dos Advogados*, 1996, p.904.

uma heterogeneidade de situações jurídicas que serão suscetíveis de responsabilização e de representar a função externa do património. Falamos, nomeadamente, de direitos de crédito, direitos reais e valores mobiliários, entre os quais podemos aqui destacar os direitos produzidos ou de que o devedor é titular sobre bens imóveis, tais como o usufruto, a própria propriedade na sua plenitude, ou os frutos civis e/ou naturais dos mesmos. E nestes bens imóveis – na classificação dada pelo artigo 204º, nº 1 alínea a) do Código Civil – integram tanto os prédios urbanos como os prédios rústicos. Mas, é em termos económicos, que se torna evidente que o direito sobre estes bens imóveis representa uma das maiores garantias do seu titular, constituindo também uma garantia patrimonial por excelência dos próprios credores. Isto porque, atendendo a produtividade económica destes e ao seu valor económico, configuram-se como uma concentração de riqueza patrimonial do devedor, sendo nestes bens onde reside o seu principal património. Por isso, o legislador não afastou a suscetibilidade de responsabilização destes bens pelo incumprimento das obrigações do devedor (nem o poderia fazer sob pena de coartar gravemente os direitos fundamentais dos credores), direcionado, aliás, a forma e tramitação que deve ser adotada pelo Agente de Execução na realização da sua penhora.

Contudo, no âmbito da ação executiva cível, a penhora destes bens encontra-se fortemente pautada por valores e exigências materiais. Entre eles, ganha especial relevância o princípio da proporcionalidade – o qual encontra-se ontologicamente ligado a questões de restrição de direitos fundamentais -, estabelecendo que a penhora de bens imóveis apenas pode ser realizada atendendo a critérios de necessidade, proporcionalidade *stricto sensu* e adequação, enquanto expressividade na restrição do direito fundamental à propriedade privada[163]. Este princípio fundamental configura-se como elemento matricial de toda a ação executiva, principalmente, no aspeto funcional, pois o Agente de Execução deve, em toda a sua atuação, pautar-se pelos critérios de necessidade, adequação e proporcionali-

[163] José Carlos Vieira De Andrade, *Os Direitos Fundamentais na Constituição de 1976*, 4ª Edição, Coimbra, Almedina, 2009, p.101; J.J. Gomes Canotilho, Vital Moreira, *Constituição da República Portuguesa*. Vol.I, 4ª Edição, Coimbra, Coimbra Editora, 2007, p.362. Com interesse, Cfr., também, Acórdão do Tribunal Constitucional nº 176/92, Processo nº 214/90, Relator Conselheiro Alves Correia, disponível em *http://www.tribunalconstitucional.pt/tc/acordaos/19920176.html*, consultado a última vez em 19.01.2023.

dade na penhora dos bens do executado[164]. Veja-se que, normativamente, a importância deste princípio encontra ancora legal no nº 3 do artigo 735º do Código de Processo Civil, consagrando que "*a penhora limita-se aos bens necessários* ao pagamento da dívida exequenda e das despesas previsíveis da execução", acrescentando, ainda, o nº 1 do artigo 751º, do mesmo diploma legal, que "a penhora começa pelos bens cujo valor pecuniário seja de mais fácil realização *e se mostrem adequados ao montante do crédito do exequente*"[165]. Torna-se, assim, como imperativo que o Agente de Execução, no âmbito de toda a ação executiva, paute as suas diligências pela estrita proporcionalidade, tal como afirmam os *supra* citados preceitos legais e, ainda, o nº 2 do artigo 751º do Código de Processo Civil.

Acresce a isto que a atuação dolosa ou negligente do Agente de Execução no âmbito da realização da penhora, isto é, quando este pratique atos que pela sua extensão sejam suscetíveis de configurar um ato objetivamente excessivo quanto à sua apreensão, prejudicando dolosa ou negligentemente o executado, implicará a responsabilização civil do Agente de Execução e consequentemente a obrigação de indemnizar o lesado pelos danos causados. Neste sentido, pronunciou-se o Tribunal da Relação de Lisboa, no seu aresto de 12/05/2016, que "*qualquer eventual atuação dolosa ou negligente do agente de execução, mormente, na fase de realização da penhora, apenas o poderá fazer incorrer em responsabilidade civil*, nos termos gerais, preenchidos que se encontrem os requisitos previstos no artigo 483º do Código Civil, não sendo fundamento de oposição à penhora"[166].

Porém, a configuração sistemática do Direito exige que nenhuma norma jurídica seja taxativamente rígida e imutável, atropelando aquelas normas que entrem em direto conflito. Exige-se uma harmonização coerente e sistematicamente aceite que permita uma satisfação mútua das posições, de modo a permitir, na medida do possível, a sua compatibilização em caso de conflito, sendo a restrição apenas concretizada quando se mostre abso-

[164] Tal é a importância deste princípio norteador que constitui, taxativamente, fundamento de oposição à penhora, uma vez que, é fundamento para o executado se opor à realização da penhora a "inadmissibilidade da penhora dos bens concretamente apreendidos *ou da extensão com que ela foi realizada*" (cf. alínea a) do nº 1 do artigo 784º do Código de Processo Civil).

[165] Acórdão do Tribunal da Relação de Coimbra de 27.04.2021, Processo nº 98549/13.0YIPRT-B.C1, Relator Desembargador Isaías Pádua, disponível em *http://www.dgsi.pt*.

[166] Cfr. Acórdão do Tribunal da Relação de Lisboa de 12/05/2016, processo nº 20516/10.0YLSB-B.L1.-2, Relatora Desembargadora Ondina Carmo Alves, disponível em *http://www.dgsi.pt*.

lutamente necessário e segundo os mencionados critérios de adequação, proporcionalidade *stricto sensu* e necessidade.

Nesta linha de seguimento, foi obrigação do legislador consagrar medidas que permitem, ainda que de forma cautelosa e rigorosa, restringir este princípio da proporcionalidade, permitindo ao Agente de Execução a realização da penhora sobre bens de valor economicamente relevante, mesmo em situações em que o crédito do credor é reduzido, violando-se, assim, o princípio da proporcionalidade, ainda que licitamente. Neste sentido, fácil é de entender que a *ratio* desta possibilidade reside no mencionado dever de harmonização de direitos fundamentais, pois em caso de conflito entre o interesse do credor e o interesse do devedor, tendo este último o património suficiente para responder pelas obrigações a que se encontra adstrito, é perfeitamente plausível que a penhora possa ocorrer mesmo em caso de violação do princípio da proporcionalidade.

Com efeito, consagrou o legislador no nº 3 do artigo 751º do CPC, na redação dada até dia 31 de dezembro de 2019, que *"ainda que não se adeque, por excesso, ao montante do crédito exequendo, é admissível a penhora de bens imóveis ou do estabelecimento comercial desde que: a) A penhora de outros bens presumivelmente não permita a satisfação integral do credor no prazo de 12 meses, no caso de a dívida não exceder metade do valor da alçada do tribunal de 1ª instância e o imóvel seja a habitação própria permanente do executado; b) a penhora de outros bens presumivelmente não permita a satisfação integral do credor no prazo de 18 meses, no caso de a dívida exceder metade do valor da alçada do tribunal de 1ª instância e o imóvel seja a habitação própria permanente do executado; c) a penhora de outros bens presumivelmente não permita a satisfação integral do credor no prazo de seis meses, nos restantes casos".*

Ora, do preceito em análise retiram-se duas ilações que merecem aqui alguma atenção: *primus,* a penhora destes bens apenas pode ser concretizada quando verificado um lapso temporal considerável; *secundo,* esse lapso temporal acaba por se mostrar variável conforme o destino que tiverem sido dados aos bens originariamente e face ao valor da dívida exequenda.

Concebe-se que *a ratio legis* compreendida nesta norma não é mais que permitir ao executado, num lapso de tempo considerável, dispor de liquidez para, voluntariamente, liquidar a quantia exequenda sem necessidade de penhorar bens que se mostrem desproporcionais e, portanto, "violando licitamente" a sua esfera jurídica patrimonial de modo indesejado ou desproporcional. Com isto, permite-se que o executado, em tempo considerado útil, obtenha a liquidez necessária para fazer face aos montantes que carece para liquidar a quantia exequenda. Ou seja, configurando-se o princípio da proporcionalidade como uma diretriz importantíssima em matéria executiva, permitiu o legislador a restrição deste princípio quando em causa estejam superiores interesses que, também, merecem ser tutelados, permitindo-se, assim, a penhorabilidade destes bens mesmo que sejam considerados desproporcionais aos desideratos pretendidos.

Com a mais recente alteração legislativa ao citado preceito legal, verifica-se, ainda, que foi reforçado este princípio, uma vez que, os hiatos temporais para a penhora destes bens, em casos de desproporcionalidade, foram majorados significativamente. Dessarte, como se pode ver do nº 3 do artigo 751º do Código de Processo Civil, na redação dada pela Lei nº 117/2019, de 13 de setembro, "*Ainda que não se adeque, por excesso, ao montante do crédito exequendo, é admissível a penhora de bens imóveis* que não sejam a habitação própria permanente do executado, ou de estabelecimento comercial, desde que a penhora de outros bens presumivelmente não permita a satisfação integral do credor *no prazo de seis meses*". Caso o imóvel seja a habitação própria permanente do executado, só pode ser penhorado: a) Em execução de valor igual ou inferior ao dobro do valor da alçada do tribunal de 1ª instância, se a penhora de outros bens presumivelmente *não permitir a satisfação integral do credor no prazo de 30 meses;* b) em execução de valor superior ao dobro do valor da alçada do tribunal de 1ª instância, se a penhora de outros bens presumivelmente não permitir a satisfação integral do credor *no prazo de 12 meses*".

Verifica-se do citado preceito legal que foi intenção do legislador tutelar tanto o domicílio permanente do executado (à semelhança do que o fez com a execução fiscal), mas também que os ataques ao património do executado, por parte do poder jurisdicional do Estado, fossem condicionados às situações subsidiárias e de última instância, isto é, apenas em última instância quando não fosse possível obter o cumprimento da obrigação coerciva por via da apreensão de outros bens do executado e apenas na medida do estritamente necessário, adequado e proporcional às finalidades visadas. Deste modo, foi reforçada a tutela destes bens do executado, apenas permitindo-se a sua execução, em violação clara do princípio da proporcionalidade, apenas quando verificados os pressupostos e requisitos legalmente estabelecidos, sob pena de violação deste princípio e, por conseguinte, o ato da penhora praticado se mostrar ilícito e anulável, podendo servir de fundamento de oposição à penhora por parte do executado (cf. artigo 784º, nº 1 alínea a) do Código de Processo Civil.

Por último, é ainda de salientar que a penhora destes bens, nos casos de que a ação executiva tenha tido por base um título executivo extrajudicial de obrigação pecuniária vencida que não exceda o dobro da alçada da primeira instância e que não se encontre garantida por hipoteca ou penhor, deve apenas ser feita após citação do executado para este se pronunciar quanto à ação executiva contra ele movida (cf. artigo 855º, nº 5 do Código de Processo Civil). Denota-se, aqui, outra das manifestações que o princípio da proporcionalidade tem na ação executiva, mostrando-se a penhora de bens imóveis e estabelecimento comercial lícita apenas quando, nas ações baseadas nestes títulos, ocorra a citação prévia do executado, sendo aquilo que a doutrina considera como convolação da forma de processo, convertendo-se uma ação executiva para pagamento de quantia certa sob a forma sumária em forma ordinária.

4.2. A (in)compreensão da penhora de bens imóveis nas ações executivas de valor reduzido

Como temos vindo a mencionar ao longo de todo este trabalho, a penhora configura-se, para além de um instrumento processual de apreensão, como uma garantia que permite ao titular desta ser pago com preferência aos demais credores que não gozem de garantia real, ou cuja garantia seja posterior ao registo da penhora. Apesar de não se encontrar tipificada como uma garantia real (e dai grande parte da jurisprudência e doutrina não lhe atribuir tal natureza), a verdade é que uma das principais funções da penhora é, precisamente, a de atribuir, ao seu titular, uma preferência no pagamento sobre os quais incide o registo da penhora. Por este motivo, e seguindo a linha de orientação *supra* descrita, a penhora configura-se, também, como uma forma de o seu titular ver garantido o cumprimento da sua obrigação através da excussão do bem do devedor sobre o qual incide a penhora. Apenas assim se consegue vislumbrar que a penhora, como ocorre em ordenamentos jurídicos próximos (*v.g.* o ordenamento jurídico alemão, onde o *Zivilprozessordnung* prevê que a penhora atribuí, ao seu titular, preferência no pagamento[167]), tem como função acessória

[167] Neste sentido a secção §804 nº 1 do ZPO consagra que *"Durch die Pfändung erwirbt der Gläubiger ein Pfandrecht an dem gepfändeten Gegenstande"*.

à sua natureza funcional, a atribuição de preferência no pagamento face aos demais credores, funcionando como uma verdadeira garantia sobre os bens do executado.

Porém, como referimos *supra,* a penhora de bens imóveis mostra-se pautada por um marcado cariz residual e restritivo, isto é, a penhora destes bens apenas pode ser concretizada quando verificados os requisitos elencados no artigo 751º, nº 3 e nº 4 do Código de Processo Civil, sob pena de se mostrar em causa o princípio da proporcionalidade e, por conseguinte, a penhora se mostrar ilícita à luz do ordenamento jurídico. No entanto, causa alguma perplexidade que o legislador tenha utilizado no âmbito das normas *supramencionadas* a terminologia "penhora" em detrimento da terminologia "venda", uma vez que, uma e outra não se podem (nem devem) confundir, já que, apesar da relação processual entre ambas, certo é que a penhora não é procedida de venda executiva do direito apreendido.

Ora, o que é colocado aqui em causa é que a utilização da terminologia mencionada, considerando sempre à luz do nº 3 do artigo 9º do Código Civil que o legislador exprimiu devidamente do seu pensamento, vem impedir que o exequente, intentando uma ação executiva para pagamento de quantia certa, ou para outro fim quando convolada para esta, venha constituir a seu favor uma garantia para cumprimento da obrigação, uma vez que, a penhora apenas pode ser constituída após a verificação dos prazos dilatórios previstos no nº 3 e nº 4 do artigo 751º do CPC. Torna-se, assim, incompreensível que o exequente, isto é, aquele que intentou e moveu primeiramente a ação executiva – mostrando-se esta uma execução de natureza singular –, veja vedado um dos principais direitos que a ação executiva lhe confere como é a penhora e os seus efeitos de garantia sobre os bens do executado. Isto causa ainda maior preocupação e perplexidade se estamos a falar de um título de natureza *parajudicial* ou *extrajudicial* pois, aqui, não goza o credor da faculdade de obter a seu favor a constituição de uma hipoteca judicial, como ocorre nos casos de sentenças judiciais condenatórias de obrigações pecuniárias (cf. artigo 710º, nº 1 do Código Civil). Basta, assim, que se verifique uma das situações consagradas nos nº 3 e nº 4 do artigo 751º do CPC para que o credor e exequente se veja totalmente desamparado e desprotegido face aos demais credores que gozem de títulos executivos bastante para intentar e mover a ação executiva contra o mesmo devedor e, posteriormente à ação movida pelo exequente, venha registar a seu favor uma penhora – ou mesmo uma hipoteca nos casos mencionados *supra* –, gozando de preferência no pagamento face a este.

Por este motivo, mostra-se totalmente desproporcional e disfuncional, na nossa humilde opinião e com o devido respeito, esta restrição imposta pelo legislador ao consagrar a moratória desta penhora nos casos especialmente previstos nos nº 3 e nº 4 do artigo 751º do CPC, fazendo que a tutela do executado venha, seriamente, prejudicar os interesses do exequente face aos demais credores que gozem de títulos que lhes confira tais possibilidades garantísticas. Na nossa humilde opinião, face ao ordenamento jurídico vigente e aos interesses do exequente e também do executado, seria coerente dotar o exequente da faculdade de poder registar a seu favor a penhora no âmbito da ação executiva movida por si, gozando assim da preferência que esta confere ao seu titular. Registando a seu favor a penhora e gozando da garantia que esta lhe confere estaria tutelado face aos demais credores do executado que venham intentar as competentes ações para declaração ou cumprimento coercivo das obrigações deste, já que em caso de estes registarem, a seu favor, outras garantias de natureza real ou mesmo posteriores penhoras, todas elas seriam graduadas em consonância com as regras registais, consagrando assim uma tutela face aos demais credores.

Por outro lado, seria o executado dotado da moratória prevista no nº 3 e nº 4 do citado preceito legal, uma vez que, o que estaria pendente de tramitação não seria a penhora enquanto meio jurídico de apreensão e garantístico, mas sim a ulterior venda em sede executiva, devendo esta apenas ocorrer quando preenchido o lapso temporal previsto na lei adjetiva *supra* citada. Ou seja, não seria a penhora, como refere expressamente o legislador, que deveria apenas ser concretizada depois de decorrido o lapso temporal previsto e os requisitos materiais ali consagrados, mas sim a venda executiva, permitindo-se, assim, um equilíbrio equitativo para o exequente na recuperação do crédito exequendo e para o executado na medida em que lhe era permitido obter um prazo moratório para obter meios para liquidação voluntária da obrigação[168].

[168] Em termos muito aproximados, consagrou recentemente o legislador fiscal, em sede de execução fiscal, que a venda de bens imóveis que constituam casa de morada de família apenas podem ser vendidos em situações muito específicas e pontuais (cf. artigo 244º, nº 2 do Código do Procedimento e Processo Tributário), determinando-se a tutela do devedor nestas situações, mas dotando o credor da tutela conferida pela penhora sobre o bem e gozando da preferência que a penhora atribui ao seu titular. Apesar de não ser atribuída qualquer

Por último, esta permissão legislativa que impede a penhora sobre os bens imóveis do executado durante o prazo moratório previsto, permite, ainda, que o executado disponha livremente destes bens sem que a transmissão possa ser colocada, em termos de eficácia, em causa, uma vez que, não havendo constituição da penhora, a mesma não faz operar os seus efeitos sobre os bens, nomeadamente no que diz respeito ao poder de administração e alienação sobre o bem, nos termos do artigo 819º do Código Civil. Atendendo ao disposto neste preceito legal, é consagrado que "sem prejuízo das regras do registo, *são inoponíveis em relação à execução os atos de disposição, oneração ou arrendamento dos bens penhorados*" (sublinhado nosso), torna-se indubitável que a penhora, validamente constituída, faz retirar os poderes de alineação de que o titular do direito real goza sobre o bem objeto da penhora. Assim, não podendo a penhora ser constituída em virtude dos impedimentos legais consagrados na nossa lei adjetiva, pode o executado, livremente, dispor, onerar ou dar de arrendamento os seus bens, uma vez que, não havendo constituição de penhora, mantém-se os poderes que este detém e que são advenientes do direito real que goza sobre o bem imóvel.

Sempre se poderá dizer que tal transmissão, ainda que válida e eficaz, pode constituir fundamento para impugnação pauliana por parte dos credores que se sintam lesados, bem como para poderem requerer a providência cautelar do arresto ou, ainda, vir penhorar o produto que adveio da transação do bem alienado (caso estejamos perante um contrato de natureza onerosa). No entanto, tal transmissão não retira a consequência de ser atribuído um ónus muito maior ao exequente, uma vez que, ao não poder registar a penhora a seu favor, terá de se socorrer de outros meios para obter o cumprimento coercivo da obrigação. Tornar-se-ia tudo bastante mais rápido, célere e simples se fosse permitida a penhora sobre o bem imóvel e posteriormente, atendendo ao princípio da eficiência e autonomia inerente à ação executiva, mesmo que o bem fosse alienado voluntariamente e com consentimento do Agente de Execução, fosse cancelada a penhora e o produto da eventual venda, ou parte dela, fosse destinada ao cumprimento coercivo da obrigação.

A solução a esta questão passaria, em última instância, perante uma interpretação extensiva do preceito em causa, no entanto, tal não nos

moratória, dando-se uma total primazia pelo direito do executado, acaba por se permitir a penhora do bem, impedindo-se a venda executiva do bem imóvel.

parece possível, pois como refere expressamente o legislador ordinário, no artigo 9º, nº 2 do Código Civil, que "não pode, porém, ser considerado pelo intérprete o pensamento legislativo *que não tenha na letra da lei um mínimo de correspondência verbal*, ainda que imperfeitamente expresso" (sublinhado nosso). Tal interpretação – de substituição do termo "penhora" pela expressão "venda", não nos parece que tenha um mínimo de apoio literal no texto da lei, pelo que interpretá-lo extensivamente, tendo em consideração a *ratio legis* do legislador, não nos parece que, *in casu*, seja possível e admissível. Ao fazê-lo estaríamos, assim, perante uma penhora que se mostra objetivamente ilícita e nula, sendo objeto de oposição por parte do executado, uma vez que, o bem penhorado não responde, naquele momento, pela dívida exequenda, sendo, assim, tutelada pelo direito até ulterior momento.

CONSIDERAÇÕES FINAIS

Esboçada uma ideia acerca da responsabilidade patrimonial e da capacidade que as partes têm para gerir o património do devedor, enquanto principal fonte garantística pelo inadimplemento, somos obrigados a tecer algumas considerações finais acerca dos institutos que o legislador colocou no poder das partes.

1. A primeira ideia a retirar é que, a autonomia privada das partes constitui um princípio estrutural do Direito privado, designadamente no âmbito do Direito das Obrigações;
2. À luz do princípio da autonomia privada, as partes dispõem de uma capacidade e uma liberdade negocial alargada e bastante maleável no âmbito da conformação dos negócios jurídicos que pretendem celebrar;
3. Este princípio vetor do Direito das Obrigações impõe que as partes liberem as vicissitudes desenvolvidas nos negócios jurídicos celebrados, permitindo que não seja o legislador a conformar os efeitos e o arquétipo material dos mesmos;
4. Todavia, a margem negocial dada pelo legislador não pode deixar de instituir medidas estruturais que permitam salvaguardar interesses de interesse superior e que são representadas pela segurança do comércio jurídico;
5. O (in)cumprimento da obrigação tem merecido regulação desde os tempos do Direito Romano, outorgando aos negócios jurídicos uma eficácia jurídica que não pode ser desconsiderada;

6. A mutação do Direito leva-nos a que, atualmente, esse (in)cumprimento seja protegido pelo património do devedor, o qual constitui o principal meio de satisfação no caso de inadimplemento;
7. O património do devedor constitui, assim, uma importante fonte garantística que deve ser direcionada para desenvolver as funções próprias que lhe são próprias;
8. A função externa do património permite, assim, que os bens e direitos de que o devedor é titular, e que se configurem como economicamente viáveis, respondam pelas suas dívidas;
9. Todavia, a segurança do comércio jurídico impõe que o legislador consagre, imperativamente, mecanismos de salvaguarda desse património;
10. As atuações dolosas e de má-fé que compreendam um elemento negativo de prejudicialidade direcionado à subtração propositada dos bens e direitos que integram essa garantia geral das obrigações não podem ser despiciendas pelo legislador;
11. É nesta senda axiológica que são instituídas verdadeiras medidas garantísticas que são direcionadas à conservação e/ou reparação desta garantia geral que é o património;
12. Medidas como o arresto e a sua conversão posterior em penhora, a declaração de nulidade, a impugnação pauliana ou a sub-rogação do devedor pelo credor, constituem alguns dos instrumentos substantivos e adjetivos que o legislador coloca na disposição do credor para salvaguardar os seus interesses creditícios, mas, sobretudo, para sedimentar os valores axiológicos próprios do sistema jurídico, designadamente a segurança do comércio jurídico;
13. Mas, a liberdade contratual encontra, também, expressão e desenvolvimento nesta matéria, permitindo às partes a sua modificação e a convenção das garantias patrimoniais;
14. O legislador consagra um verdadeiro arsenal normativo que legitima as partes a modelar e conformar os desenvolvimentos patológicos que decorram, eventualmente, da relação jurídica obrigacional;
15. Falamos na modelação em matéria de responsabilização do devedor, mas, principalmente, na gestão dos bens e direitos que devem responder pelo incumprimento das obrigações a que aquele está adstrito;
16. A limitação da responsabilidade patrimonial por vontade das partes configura-se como o primeiro instrumento negocial em que as

partes podem delimitar, negativa ou positivamente, quais os bens que (não) respondem em caso de incumprimento da obrigação;

17. Revela-se como um verdadeiro mecanismo negocial integrado dentro de um negócio jurídico principal, através do qual, as partes, estabelecem um regime convencional sobre a responsabilização de determinados bens concretos.
18. Por outro lado, consagra o legislador ordinário um verdadeiro mecanismo de proteção de determinados bens deixados ou doados a título de liberalidade, dispensando-os de responsabilização pelas dívidas existentes à data da mesma;
19. Procura-se assegurar e preservar a manutenção das liberalidades realizadas e que integrem a esfera jurídico-patrimonial do devedor;
20. Nestas situações, não existe um acordo bilateral (ou multilateral) das partes, configurando-se como um verdadeiro negócio jurídico unilateral em que o autor da liberalidade declara, expressamente, que pretende afastar de responsabilidade os bens deixados ou doados gratuitamente;
21. Contudo, não se poderá deixar de considerar a necessidade de registo da mencionada cláusula, já que a sua oponibilidade a terceiros depende do seu ingresso no registo;
22. Após isto, a responsabilidade do bem deixado ou doado a título de liberalidade ficará "blindado" perante as obrigações anteriores ao momento da liberalidade;
23. Não se deixará, porém, de atender aos factores e à própria unidade do Direito na sistematização destas convenções de responsabilidade patrimonial;
24. A unidade da ordem jurídica e a sistematização das normas jurídicas revelam que a matricialidade dos valores e interesses da coletividade espraiam as normas jurídicas que se desenvolvem em torno dos interesses de uma sociedade;
25. Os princípios como o da boa-fé e da unidade do sistema jurídico constituem algumas das fronteiras que determinam que a autonomia privada das partes encontra limites intransponíveis que merecem reparo no momento da formação e modelação dos negócios jurídicos;
26. A colisão das cláusulas de responsabilidade patrimonial com algumas das barreiras jurídicas e sistemáticas encontradas determina

a derrogação da vontade das partes, uma vez que se impõe a coerência e a salvaguarda dos valores integrantes na ordem jurídica;

27. Por isso, identificar estes valores axiológicos e as barreiras jurídicas torna-se tarefa essencial para uma boa conformação dos negócios jurídicos;
28. A *praxis* jurídica deve desenvolver os conceitos, as ideias e os institutos de limitação da responsabilidade patrimonial perante o contexto profissional existente;
29. Assim, convocam-se os profissionais forenses que auxiliam os clientes na formação destes contratos, no sentido de desenvolver os institutos jurídicos identificados, permitindo uma maior segurança jurídica e um desenvolvimento desejado da sociedade e do próprio Direito;

BIBLIOGRAFIA CONSULTADA

Ana Dos Santos Sequeira, *Do arresto como meio de conservação da garantia patrimonial,* Tese de Doutoramento da Faculdade de Direito da Universidade de Coimbra, Coimbra, 2020.

António Menezes Cordeiro,

—, "A boa fé nos finais do século XX", *in Revista da Ordem dos Advogados,* 1996, pp.887-912.

—, "Da sistematização das leis como problema de política legislativa", *in Cadernos de Ciência e Legislação, nº 6, Janeiro/Março,* Instituto Nacional de Administração, Lisboa, 1993.

—, "Impugnação Pauliana – Fiança de Conteúdo Indeterminável", *in CJ Ano XVII,* 3.

—, *Da Boa fé no Direito Civil,* 7ª Edição, Coimbra, Almedina, 2020.

—, *Tratado de Direito Civil Português II. Direito das Obrigações Tomo III – Gestão de Negócios, Enriquecimento sem causa, Responsabilidade Civil,* Coimbra, Almedina, 2010.

—, *Tratado de Direito Civil Português Vol. II – Direito das Obrigações Tomo IV,* Coimbra, Almedina, 2010.

—, *Tratado de Direito Civil. Vol.X. Direito das Obrigações – Garantias,* Coimbra, Almedina, 2015.

António Pinto Monteiro, *Cláusulas Limitativas e de Exclusão de Responsabilidade Civil,* Coimbra, Almedina, 2011, p.113.

Armindo Ribeiro, *O Processo Executivo no Futuro Código de Processo Civil,* pp.87-147, disponível em *http://www.oa.pt/upl/%7Ba62c667e-c5bf-44c0-a7eb-2c3d154dbef9%7D.pdf.*

Carlos Alberto Da Mota Pinto, *Teoria Geral do Direito Civil,* 4ª Edição, Coimbra, Coimbra Editora, 2005.

Elsa Vaz De Sequeira, "Da Objectividade Jurídica do Património", *in Estudos dedicados ao Professor Doutor Nuno José Espinosa Gomes da Silva,* Católica Editora, 2013, p.297-326.

Fabiana Marion Spengler, "A Crise Do Estado E A Crise Da Jurisdição: (In)Eficiência Face À Conflituosidade Social", *in Revista Brasileira de Direito,* IMED, Vol.7, Jan-Jun, 2011.

Fernando Amâncio Ferreira, *Curso de Processo de Execução,* 13ª Edição, Coimbra, Almedina, 2010.

Fernando Pessoa Jorge, "A Limitação Convencional da Responsabilidade Civil", *in BMJ nº 281,* Dezembro, 1978.

Francisco Pereira Coelho, *Direito das Obrigações,* Coimbra, Peltrony, 1967.

Hans Kelsen, *Teoria Pura do Direito (trad. João Baptista Machado)*, 7ª Edição, Coimbra, Almedina, 2008.

Inocêncio Galvão Teles, *Direito das Obrigações*, 7ª Edição, Coimbra, Coimbra Editora, 2010.

—, *Direito das Obrigações. Tomo I*, 9ª Edição, Coimbra, Coimbra Editora, 1965.

—, *Aspectos comuns aos vários contratos: expropriação de motivos referente ao título do futuro código civil português sobre contratos em especial*, Sep. da Rev. da Faculdade de Direito da Universidade de Lisboa, V.7, 1950.

J.A. Mouteira Guerreiro, *Temas de Registos e de Notariado*, Coimbra, Almedina, 2010.

J.J. Gomes Canotilho, Vital Moreira, *Constituição da República Portuguesa*. Vol.I, 4ª Edição, Coimbra, Coimbra Editora, 2007.

João Cura Mariano, *Impugnação Pauliana*, 3ª Edição, Coimbra, Almedina, 2020.

João De Castro Mendes, Miguel Teixeira De Sousa, *Manual do Processo Civil – Volume II*, Lisboa, AAFDL Editora, 2022.

Joaquim de Sousa Ribeiro, "Responsabilidade e Garantia em Cláusulas Contratuais Gerais (DL nº 446/85, de 25 de Outubro)", *in Sep. de: BFDUC, estudos em Homenagem ao Prof. Doutor António de Arruda Ferrer Correia*, Coimbra, 1992.

Joaquim Freitas Da Rocha, *Constituição, Ordenamento e Conflitos Normativos, Esboço de uma Teoria Analítica da Ordenação Normativa*, Coimbra Editora, Coimbra, 2008.

Jorge Manuel Coutinho de Abreu, *Curso de Direito Comercial – Volume II*, 3ª Edição, Coimbra, Almedina, 2009.

José Carlos Brandão Proença, *Lições de Cumprimento e Não Cumprimento das Obrigações*, Coimbra, Coimbra Editora, 2011.

José Carlos Vieira De Andrade, *Os Direitos Fundamentais na Constituição de 1976*, 4ª Edição, Coimbra, Almedina, 2009.

José De Azeredo Perdigão, "O Princípio da Autonomia da Vontade e as Cláusulas Limitativas da Responsabilidade Civil – Noções Gerais", in *Comunicação ao Instituto da Conferência da Ordem dos Advogados*, p.29, disponível em *https://portal.oa.pt/upl/%7B33084DF8-84BA-4DAD-806E-830BD73CDD77%7D.pdf.*

José Lebre De Freitas, "A Reforma do Processo Executivo", *in Revista da Ordem dos Advogados*, Ano 62, Vol.II, 2002, pp.731-757.

—, "Agente de Execução e Poder Jurisdicional", *in Revista Themis*, Nº 7, Ano VII, 2003, pp.19-34.

—, *A ação executiva à luz do Código de Processo Civil de 2013*, 7ª Edição, Gestlegal, 2017.

—, *A ação executiva à luz do Código de Processo Civil de 2013*, 7ª Edição, Gestlegal, 2017.

—, Armindo Ribeiro Mendes, *Código de Processo Civil, Anotado*, Vol.3, Coimbra, Coimbra Editora, 2003.

Louis Josserand, *Cours de droit civil positif français*, Paris, Recueil Sirey, 1930.

Luís Carvalho Fernandes, *Teoria Geral do Direito Civil I*, 4ª Edição, Universidade Católica Editora, 2007.

Luís Menezes Leitão, *Direito das Obrigações. Vol.I – Introdução da constituição das obrigações*, 8ª Edição, Coimbra, Almedina, 2009, pp.21 e seguintes.

—, *Direito das Obrigações. Vol.II – Transmissão e Extinção das Obrigações. Não cumprimento e garantias do crédito*, 6ª Edição, Almedina, Coimbra, 2008.

—, *Garantia das Obrigações*, 6ª Edição, Almedina, Coimbra, 2008.

MARCO GONÇALVES, *Lições de Processo Civil Executivo*, 2ª Edição, Coimbra, Almedina, 2018.

MARGARIDA LIMA REGO, "As partes processuais numa acção em sub-rogação", *in Revista Themis, Ano VII, nº 13*, 2006.

MARIA JOÃO ESTORNINHO, *A Fuga Para o Direito Privado, Contributo para o estudo da actividade de direito privado da Administração Pública*, Coimbra, Almedina, 1996.

MARIA RAQUEL ALEXANDRE, *A Acção Executiva, Alguns aspectos práticos relativo ao regime do registo da penhora de imóvel, BRN – Boletim dos Registos e do Notariado nº 8/2003*, 2013, disponível em *https://www.irn.mj.pt.*

MÁRIO JÚLIO DE ALMEIDA COSTA, *Direito das Obrigações*, Almedina, 2009.

MIGUEL PESTANA DE VASCONCELOS, *Direito das Garantias*, 3ª Edição, Almedina, Coimbra, 2019.

MIGUEL TEIXEIRA DE SOUSA, *Código de Processo Civil*, 8ª Edição, Coimbra, Coimbra Editora, 2008.

PAULO MOTA PINTO *Interesse Contratual Negativo e Interesse Contratual Positivo*, Volume I, Coimbra, Coimbra Editora, 2008.

PAULO SILVA CAMPOS, "O arresto como meio de garantia patrimonial – Uma perspetiva substantiva e processual", *in Revista de Direito das Sociedades, Ano VIII, Vol.3*, Almedina, *2016.*

PAULO SILVA CAMPOS, "O arresto como meio de garantia patrimonial – Uma perspetiva substantiva e processual", *in Revista de Direito das Sociedades, Ano VIII, Vol.3*, Almedina, 2016.

PEDRO DE ALBUQUERQUE, "O direito ao cumprimento de prestação de facto, o dever de a cumprir e o *princípio nemo ad factum cogi potest.* Providência cautelar, sanção pecuniária compulsória e caução", *in RIDB*, Ano 2, nº 9, 2013, pp.8931-9041, disponível em *https://www.cidp.pt/revistas/ridb/2013/09/2013_09_08981_09041.pdf.*

PIRES DE LIMA, ANTUNES VARELA, *Código Civil Anotado – Volume I*, 4ª Edição, Coimbra, Coimbra Editora, 2011.

—, *Código Civil Anotado – Volume II*, 4ª Edição, Coimbra, Coimbra Editora, 2011.

—, *Código Civil, Anotado – Volume III*, 4ª Edição, Coimbra, Coimbra Editora, 1987.

RUI PINTO, *Manual da Execução e Despejo*, Coimbra, Coimbra Editora, 2013.

VAZ SERRA, "Responsabilidade Patrimonial", *in Boletim do Ministério da Justiça*, Nº 75, Lisboa, Ministério da Justiça, 1958.

ÍNDICE